JN192846

How To Leverage Your Income with United States Properties

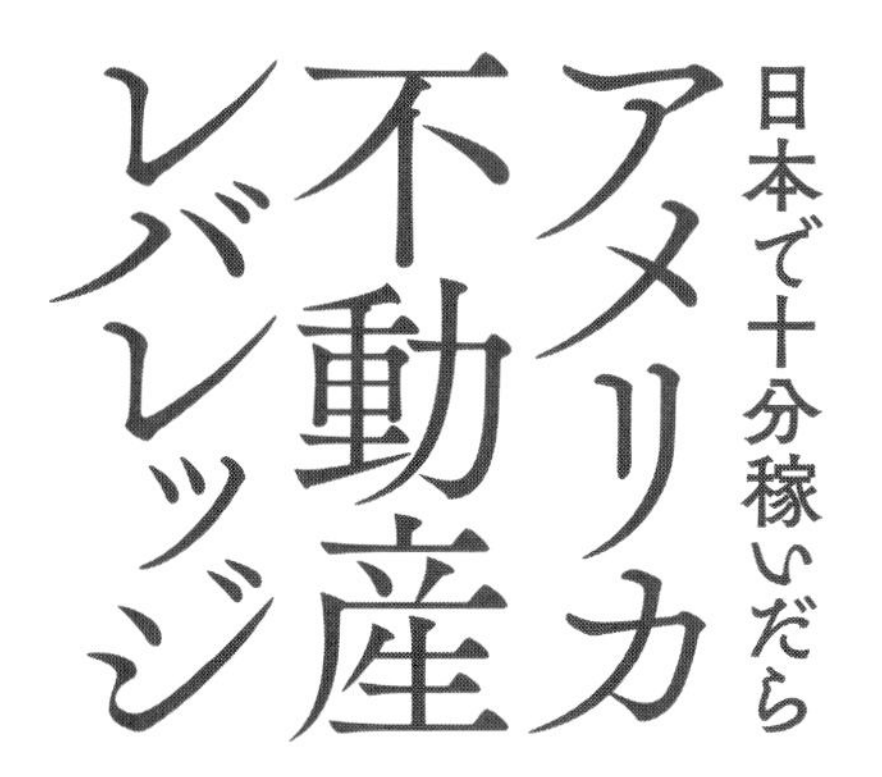

髙橋誠太郎

プロローグ

「500年に一度の洪水がまさに差し迫っています」

メキシコ湾で発生したハリケーン「ハーヴィー」は、折からの海水温の上昇によって巨大なものに成長し、テキサス州ヒューストンを直撃しました。日本でも大きく報道されたものの、日本の皆さんにとっては、やや心配なニュースという程度だったかもしれません。しかし、私にとっては、大きな試練となりました。

本書の原稿を仕上げているまさにその時に、一年分の雨が一日に降るという歴史的な降水によって、住宅への浸水や道路の冠水、30万世帯の停電、交通や物流の麻痺、挙句は外出禁止令が発せられるという未曽有の事態となりました。

「例によって試されているな…」

どういうわけか、私が事業を立ち上げる場所場所で、大きな天災やイベントが発生します。私がその地で、どれくらい真剣に覚悟を決めて事業に取り組むのか、試されているかのようです。

過去にはバンコクでの洪水やデモ、クーデター、そして爆弾テロ、香港では雨傘革命と歴史に刻まれるような事件が身近に起きてしまうのです。もちろん日本でも、3・11の大震災やその後の放射能リスクを経験していますので、少々のことでは動じないように鍛えられてはいますが、やはり数百年に一度レベルの天災が起きた際には、判断を誤れば事業の存続が危ぶまれる状況に直面するので、身構えざるを得ません。

幸いにして、今回のヒューストンのハリ

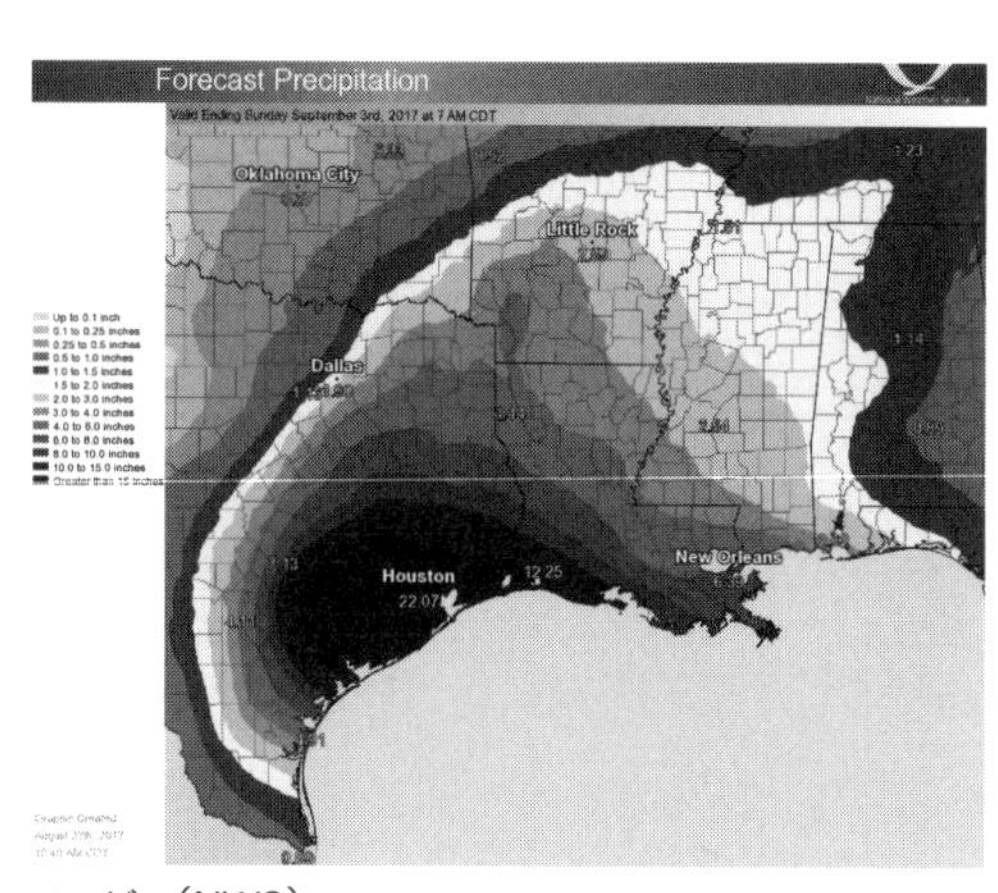

ハービー（NWS）

ケーン・洪水は、都市全体でのダメージは大きいものの、我々が手掛けたプロジェクトは、浸水被害ゼロで済みました。これはヒューストンの中でも浸水リスクの低い物件を精査して取り組んだことが結果に表れたものです。また、このような状況でも賢明にして冷静な投資家のお客様からは、引き続きプロジェクトへの関心を寄せていただいています。

被害に打ちひしがれるだけではなく、「こんな時こそ」と隣人を助ける地域のヒーローが次々現れていますし、インフラの復興支援も兆円規模で実施され、早くもその槌音が響いています。全米第4の都市であるヒューストンから、洪水を理由に人々が他の町に脱出するはずもなく、むしろ浸水しなかった物件の価値が証明されたとみることもできるでしょう。

（2017年　ロイター／Richard Carson）

少しさかのぼれば、3・11の震災で、東北の最大都市仙台の人口は減ったでしょうか？　不動産価格は下がったでしょうか？　9・11の同時多発テロではどうでしたでしょうか？

実際にできる人はごく限られていますが、あとから思えば「あの時に投資しておけば」と思うようなタイミングになっています。普段からの本質をとらえた投資スタンスを堅持し、緊急時にも長期的な視点で果敢に行動できる人が、投資の果実を得ているようです。

本書は日本で十分稼いだ方へ向けて、まだまだ知られていないアメリカ不動産、なかでもテキサス州ヒューストンへの投資の魅力を、事業家である私の目線で紹介させていただくものです。ある意味で非常に時機を得たものとなりましたが、あくまでも30年単位の長期的な視点から見て、その魅力に迫っていきたいと思います。

【目次】

第6章 アメリカ不動産投資の基礎知識 155

第7章 卒サラ・メガ大家と語る、アメリカ不動産【対談】

序章

事業家の私が不動産投資をする理由(わけ)

テキサス州最大の５００万都市ヒューストン
世界トップ企業が創業し、本社を置くシリコンバレー
日本の首都東京
東南アジアの１０００万都市バンコク

これらの都市に拠点を置いて、私は同時進行でプロジェクトを走らせています。それぞれの都市で投資し、ビジネスパートナーや社員とともに事業に取り組んでいます。一番離れているのはヒューストンとバンコクで、まさに時差にして12時間、地球の反対側です。機上の人となっている時間も長く、マイルも使い切れないほどたまります。顔と顔を合わせてしっかり打ち合わせしたり、現場でしか進められないことも多いですが、こんな多拠点での活動が可能になったのは、ほんの10年前では考えられなかったような、通信技術の飛躍的な進歩によるところが大きいでしょう。

ビキニ姿のロシア人がおよぐプールのそばで、遠くで鳥がさえずる声と、ハネムー

ンでテンションがあがった大陸からのゲストの中国語が聞こえるタイのリゾートから、高速Ｗｉｆｉを使ってテキサス州とつないで次の投資案件の打ち合わせをする…私が送っているこんな日常が当たり前となった、現代に生きていることを感謝せざるを得ません。

日本とアメリカ間の通話もソフトバンクグループの孫さんのおかげで、ほとんどストレスなく可能ですし（アメリカ放題）、ラインやスカイプでの無料通話も十分ビジネスミーティングを進めることが可能なレベルです。まさにボーダレスにビジネスができる素晴らしい時代です。

一昔前は、一流上場企業でしかできなかった日本以外でのビジネスが、我々のようなインディペンデントな事業家でも挑戦しやすくなっていることは、日本が人口減少・超高齢化に直面している今、とても喜ばしいことだと思います。

日本で十分稼いだ方へ

この本は、私ほどまでに自由に、ボーダレスにとはいかないまでも、多くの方がいま薄々必要性を感じている日本以外への資産分散、日本以外でキャッシュフローを得る機会を現実のものとする一助になればと思い、出版させていただくこととなりました。

日本での所得や事業を維持しながら、さらに言えば日本の信用や実績を活用して海外でのキャッシュフローを得る。その「レバレッジをかける方法」として有効なアメリカ不動産投資の世界をご紹介していきたいと思います。

日本は、世界的にみて考えられないほど恵まれたビジネス環境が2つあります。ひとつは、他に類を見ない仕事に対する真面目さ、緻密さ、勤勉さを持ったスタッフを採用できること。もうひとつは1%にも満たないような低金利で、プロジェクトによっては頭金なしのフルローンで融資が得られることです。

　このような好条件を活かして国内で果敢にリスクを取り、事業で成功された方が、私たちに共感いただき、アメリカ不動産投資を始めています。

　また、ご自身が高いスキルを身につけて高額報酬や給与を得ている方、先祖や親御さんから受け継いだ資産を運用してさらに収益を上げている方など、日本でさまざまにリスクをとって成功し、十分稼いだ方が、日本以外での資産形成に取り組まれています。このような方々に、ぜひ本書を役立てていただきたいと思います。


　申し訳ありませんが、日本で大して稼げていないのに「日本以外の国ならうまくいくかもしれない」という淡い期待や現実逃避で海外に目を向ける、というような方は想定していません。

　海外はむしろ失敗のリスクがそこかしこにあり、言語をはじめとしたコミュニケーション能力、資金力や胆力が必要とされます。私は、失敗を恐れず挑戦し、失敗してもなんとか勝ち残る方法を見つけ出すパスファインド（解決の道筋を見出す）力が、他の方よりもちょっと秀でている気がします。

いくらよく調査しても、結局は行動を起こして得た答えや、そこで得られた縁に勝るものはありません。私なりに見出したパスを日本で十分稼いだ方と共有させていただければと思います。

私の投資基本スタイル

私は、２００２年に「事業に投資する会社」を創業し、飲食業や食材卸業、サロンビジネス、そして不動産事業に投資してきました。法人ごとの売買を伴うＭ＆Ａも活用し、すでにイグジット（出口）を迎えたものもあります。

「事業に投資する」とは、株や債券などの金融商品に投資して、値動きによって利益を上げたり金利を得たりするのではなく、独自の戦略に基づいて事業に投資し、時にはそのために必要な組織を作り上げて、新しい価値を生み出したり向上させたりして、高い投資パフォーマンスを狙うものです。

飲食業の例では、新宿や横浜などターミナル駅に近くてアクセスがよいのに、「いわくつき」な物件で大家さんが相場より3割、4割安く貸し出しているような物件を借りて、内装投資をし、エッジの効いたオンリーワンのコンセプトを導入して、収益を上げます。

東京に展開している活イカ専門店「イカセンター」をご存じでしょうか。頻繁にメディアにも取り上げられていますので、関東にお住いの方や飲食業界の方ならご存知の方もいらっしゃるかもしれません。この店も私が企画し、投資したものです。

私自身は、イカもさばけませんし、むしろ生モノを食べすぎるとお腹がいたくなってしまうのですが、自分のおいしいと思うものを提供したり、自分好みの内装にこだわる飲食店オーナーが多い中、冷徹に「投資」として成立するコンセプトを設計しました。

もちろん、オペレーションを担うメンバーには事業そのものを楽しめる機会を提供することで、一時的なブームではなくお店を愛していただけるリピーターさんを獲得し、私がしょっちゅう現場をチェックしにいくようなことなく、繁盛を維持しています。

投資利回りでいえば30％、つまりは3000万円の投資で1000万円のキャッシュフローは最低限の基準として、年間数本のプロジェクトを現実のものとしています。中には200％＝投資額の2倍の年間キャッシュフローを生み続けるようなユニットもあります。

すぐに立ち上がるものもあれば、想定した状態になるまで数年を要するものもありますが、その事業の本質をとらえた上でユニークなポジションを構築して、素晴らしいパートナーやメンバーとともに取り組むことで、500万〜3000万円の年間キャッシュフローを生むビジネスユニットを30以上保有し、さらに常に新しいプロジェクトにアップグレードし続けています。

30年先を考える

優秀なビジネスマンや投資家は3年先、経営者であれば最低10年先を読んで行動していると思います。私は事業を構想したり、重要な判断を下したりする際は、30年のスパンで考えるようにしています。

たとえば「30年前も、今も、30年後も繁盛している店はどんな店か?」「30年後も、誰もが買いたがる不動産はどんな場所か?」という具合です。

30年という期間は長いようですが、上場企業や世代をまたいで経営していく会社の経営者にとっては、リアリティのあるタイムスパンです。個人の単位で考えても、小さなお子さんを持つ親であれば、我が子が成人して独り立ちするまでに30年は見ておきたいところです。

では、30年後の日本はどうなっているか。

想像してみるに、バラ色の未来とは言い難いでしょう。ひとつ分かっていることは、この先、歴史上どの国も体験したことがない少子高齢化と人口減少を迎えるということです。社会保障制度は存続が危ぶまれるでしょうし、すでに起き始めていることですが、財政が破綻する地方自治体もますます増えるでしょう。日本円の通貨としての価値が大きく失われる局面も、十分想定しておく必要があると思います。「日本の財務官僚OBが自分の資産を国外にせっせと移し替えている」といった、ブラックジョークのような記事が新聞に掲載されるほどです。円のみで資産をもつ怖さを、ひしひしと感じている方が増えているのではないでしょうか。

今はまだ、日本では平均すれば豊かに暮らせている状況なので実感が持てないかもしれませんが、「国をまたいで稼ぐ」必要性は今後、飛躍的に高まります。稼ぐフィールドに縛られない発想や術を身に着けている個人と、そうでない個人との間には大きなギャップが生まれるでしょう。

私も創業からの10年間は、すべてのキャッシュフローは日本国内で生み出されているものでしたが、現在は、軸足をアメリカをはじめとした日本以外の国に移しています。

今、幸運にも日本で稼げている人は、本格的に日本の経済が右肩下がりになって切羽詰まった状況が来てから背水の陣で飛び出すのではなく、稼ぎがある今のうちにこそ、海外でキャッシュフローを得ることに挑戦してはいかがでしょうか。

ディファレンスメーカーであることの重要性

投資を行うにあたって、私が重要視していることは、「オンリーワン」「ナンバーワン」のポジショニングをとることです。

同調圧力が強い日本でそのようなポジションを構築することは、ときに勇気が必要ですし大きなリスクを伴いますが、新たな発明や技術革新を目指して新規事業を立ち上げるよりは、誰でも挑戦できそうな領域でユニークなポジションを構築する方が、まだマネジメント可能なリスクと言えます。

たとえば、私が「イカセンター」という業態を開発するまで「飲食店で活きているイカを取り扱うことはとても難しいから、活イカの専門店なんて無理」というのが業界の常識でした。実際、活きの良いイカの鮮度を保ったまま漁港からお店のお客様へ提供するには、まず物流への先行投資が必要となります。１台２０００万円する大型トラックを購入して、専属のドライバーを雇い、とれたてのイカを直送する体制を構築する必要があります。つまり、１店舗開業するために必要な投資額が、普通の飲食店２店舗分に相当するような、非常識なビジネスモデルだったのです。

物流への投資は店舗内装などと違い、お客様の目に一切触れることがない部分です。そこに数千万円を惜しみなく投じる腹のくくり方が必要です。常識的に考えて、なかなか踏み出しにくい業態であることが、ご理解いただけると思います。

しかし、外野から「おかしいんじゃないか」と言われるくらい非常識な違いを作ることで、テレビや雑誌などに取材していただき、通常売り上げの３%、多いところでは10%もかけるような販売促進費をかけずに多くのお客様に認知され、入りにくいような建物にあっても、繁盛店を作ることが可能になりました。結果的に、非常に高い投資パフォーマンスが実現できたのです。

事業も投資も「大都市」がいい

ヒューストン、東京、バンコクなど、私が投資や事業をしている場所に共通することは「大都市」であることです。突き抜けたコンセプトを立案し、市場の中でユニークなポジションをとるという戦略は、異端を受け入れる市場の許容性があって、はじめて成立します。

概してタブーが多く保守的な地方のマーケットよりも、大都市の方が成功確率が高いと考えています。

「日本初上陸となる××の専門店が東京○○にオープンしました」というニュースは皆さんもよく目にすることがあると思います。○○の部分は原宿でも銀座でも良いのですが、重要なのが「東京」ということです。海外資本の飲食店が日本に進出するにあたり、どの都市を選ぶか。よほど特殊な事情でもない限り「東京」を選びます。新しいブランドやコンセプトを立ち上げる場合、最大都市を選択するのは極めて合理的な選択ということです。

不動産投資においても、単純な利回りだけに目を奪われて縁のない地方に投資してしまうと、その後、「マーケットが薄すぎる」、「エリアに伸びしろがない」、「パートナー企業の代替がきかない」、「業者さんの選択肢が少なく競争原理が働かない」といった、数々のデメリットが露呈します。

大切なお金を無駄にしないためにも「最大都市を抑える」という鉄則はぜひ覚えておいていただきたいと思います。

不動産投資5つの魅力

不動産投資の中にも「5年で倍ですよ!」というような派手な数字が躍るものがありますが、現在の日本ではネット5%以上の投資利回りを上げる新規不動産投資案件はなかなか見つけるのが難しいですし、相当な技術が要求されるものが多くなっています。アメリカではネット5%〜7%のものは見つかりますが、(8%以上のネット利回りがある投資は、相当なリスクを抱えていると慎重な目で見るべきだと思います）それでもエキサイティングな事業投資に比べると、不動産投資の利回りは実におとなしい数字に思えるかもしれません。

しかし、不動産投資には、その他の投資では得られない魅力があります。私が不動産に魅力を感じているポイントは、大きく分けて次の５つです。

①大きなお金を動かせる
②一人でもできる
③海外に挑戦しやすい
④節税効果がある
⑤本気で工夫しているライバルが意外に少ない

それぞれの項目について、もう少し詳しくご説明しましょう。

① 大きなお金を動かせる

不動産投資の魅力のひとつは、大きな金額のプロジェクトに取り組める点です。

事業投資では1億規模はさすがにリスクがコントロールしづらい範囲に入ってきますが、不動産では1～10億規模でも土地値や固定資産税評価額に近い金額でエントリーすることができれば、決して大きすぎる金額ではありません。

物件の古さや信用状況にもよりますが、日本国内であれば手持ちのキャッシュを使わないフルローンでの取り組みも可能です。しかも、金融機関の融資を受けて物件を買い進めるコツが掴めれば、再現性がある、つまり同じような視点や戦略で取り組んで同じような成功を得やすいと言えます。

また、日本国内の金融機関の目からみても、事業だけではなく不動産を資産として保有することで安定的であるとの評価が得られ、年数がたつほど担保余力も増し、資金調達の道も広がると言えるでしょう。

アメリカ不動産にしても、巷間でいわれるほどノンリコースにできるわけではありませんが、物件そのものが生むキャッシュフローが評価の対象となるので、個人が持つ信用だけの評価よりも、大きな金額にチャレンジしやすいのは間違いありません。

② 一人でもできる

多くのオペレーションが重要なビジネスでは、たくさんのスタッフを組織していかに動かすが肝要ですし、その分、人がついてきたくなるような「器量」が必要になります。たくさんの人と関わることで得られる喜びも多いと思いますが、特殊な才能がない限り、深く関わることができる人間関係には制限があり、おのずと運営に適した組織のサイズにビジネス規模が規定されてきます。

不動産投資は、もちろん購入時のエージェント、管理会社、改装するならば工事会社、税務申告や会計など、さまざまな人に「この人のプロジェクトなら応援してあげたい、一緒に成功させよう」という気持ちになってもらい、協力を得ることが大変重要ですが、自分の部下やスタッフではありませんので、その意味では「器量」

は不要です。いったん信用できる人と組めれば、コミニュケーションボリュームは格段に少ないと言えるでしょう。

ビジネスオーナーに限らず、医師や弁護士などのプロフェッショナルとしてフィジカルに移動や時間に制約がある場合でも、上手にネットワークを構築すれば可能なのが不動産投資です。普段と違うプロジェクトを持つことで新たな視点や刺激を得て、さらに本業に力を入れられるという方も多いようです。

③ 海外に挑戦しやすい

日本人の多くが円建ての給料をもらい、円資産のみを保有することを無意識に選択している中で、一定の資産を築いている方は、日本以外への資産分散を始めております。高齢の方でも、外貨建ての投信などを買われている方も多いと聞きます。

ただ、どちらかというと低金利の運用環境の中で、利回りを求めて勧められるままに高い手数料の商品やハイリスクな投資をしてしまっている方もいるようです。

では、本業で海外に打って出ればいいかというと、多大なコストと労力、そして多くの場合で撤退に追い込まれるほど、成功確率が低いのが問題です。

アメリカへの飲食事業進出の例で言えば、出店費用だけで70万ドル（8千万円近く）は必要となります。出店後、赤字が続けば、1年間の累積赤字は軽く30万ドルを越えます。失敗すれば、簡単に1億円が溶けてしまう世界です。

実際に、華々しく進出しても1年や2年であえなく撤退する様子を何度も目のあたりにしてきました。いざ撤退するにしても、非常に時間がかかり、その間も赤字が継続してしまいます。

その点、不動産投資であれば、きちんとした物件選びをすることができれば価値がなくなってしまうことはありませんし、仮に撤退したいとなっても、実業よりは、はるかに売却することが容易です。

日本以外で稼ぎはじめる一歩として、不動産投資を活用するのは非常に有効な手段だと言えます。

④節税効果がある

詳細は後ほどご紹介しますが、実は不動産投資を活用することで、高額な所得がある人ほど、非常識なほどに税務上のメリットをとることができます。

法人オーナーであれば、節税目的の生命保険を活用して法人税を繰り延べるのは広く使われている手法ですし、１００％一括償却が魅力だった太陽光発電設備への投資も非常にインパクトの大きな方法でした。

グリーン投資減税（エネルギー環境負荷低減推進税制）が終了した今、不動産を活用した方法が、最後に残されたといってもいいタックスマネジメント法なのです。

誤解していただきたくないのですが、税金を適切に納めて国や公共団体に貢献することは当然のことですし、事業拡大のためにも納税後の純利益を積み上げることは、信用を築く上で必須です。

ただ、ビジネスは長年に渡って続けていく中、好不調の波がつきものですし、赤字決算が避けられないこともままあります。そのような状況で納めた税金を取り戻すことは困難ですし、できたとしても時間がかかります。

ひとつの経営や資金管理の技術として適正な税務対策も、知っておくべきことだと言えます。

⑤ 本気で工夫しているライバルが意外と少ない

生き馬の目を抜くと言っていい事業投資をしてきた目から見ると、不動産投資を行っている人はわりとスタンダードな手法をとる印象が強いです。

例えば私の所有している日本の一棟物の屋上スペースは、取得当時まったく活用されていませんでしたが、現在は追加投資をして、素敵なバーベキュー場を誘致しています。屋上の開放的なビューでする、手ぶらバーベキューが人気です。

確かに、電気・排水の問題、消防対策など課題は多いですが、新たな収益を生み出すためにタブーなく取り組むことは、私にとっては醍醐味です。

日本・アメリカ問わず、不動産そのもののコンセプトにあまりエッジが効きすぎていてもだめですが、テナントのターゲティングやデザインなどの差別化戦略を上手にとることによって、大きくパフォーマンスを改善することが可能です。

　また、コスト面でも、アウトレットの資材を活用する、工事の職人さんに直接発注するというところまでやる不動産投資家は少ないようです。余裕がある方が不動産投資をしているという側面もあるのでしょうが、本気を出せば、収益も伸ばせる、コストも下げられる余地があるのが、不動産投資の妙味のひとつと言えます。


　私はこれらの魅力を感じ、不動産投資に取り組むことで、事業投資にレバレッジをかけています。ぜひ、これまで私が実践してきた、国境を越えた不動産投資のレバレッジの威力に触れてみてください。

　私の考えに共感していただき、共にアメリカで稼ぐパートナーとしてプロジェクトにジョインしていただけるような方が読者の中から現れたら、それこそ著者冥利に尽きるというものです。

第1章

日本で稼いだ人たちが始めているアメリカ不動産投資

「あなたが、お金がたっぷりあって、どんな言葉も操れて、どこでも好きな国に投資できるとしたら、どの国に投資しますか?」

「世界で最大のGDPを誇る国はどこですか?」

「世界でもっとも使われている通貨は、どの国が発行していますか?」

「先進国で唯一、人口が大幅に増えている国はどこですか?」


このくらいの質問で十分かと思いますが、そうです。

日本以外の国でキャッシュフローを得ようと決意した場合、投資するのに絶対に外せない、誰もができることなら投資したい国が、アメリカ合衆国です。

しかし、

・予算が1000万円もないから
・日本からの距離が近いから
・日本人の業者さんに勧められたから

といった理由で、アメリカをはじめとした先進国を投資の選択肢から外し、アジアなどの新興国に目を向ける方もいます。中には「遊びにいく理由になるから」という方もいるのには苦笑するしかありませんが、新興国には特有のリスクがあることを忘れてはいけません。

新興国不動産投資の罠

「まだまだ日本の60年代、70年代」

「これから、日本の高度成長期と同じようなことがおきる」

このように、新興国の成長性に期待して投資するのも、とても夢があるストーリーです。国としての伸びしろにビジネスチャンスがあることには私も同意ですが、こと不動産投資という観点からは、法制度や取引環境の整備においてまだまだ不十分だと感じています。未成熟で不透明な取引環境は投資リスクとなり、そのリスクを取っているのは投資家自身にほかなりません。

たとえば、前触れもなく外国人投資家にとって不利になる取引ルールに変更がされたり、不誠実な仲介業者が違法と思われる商行為をしたりしても、外国人が保護されないといったことが起こり得ます。

また、新興国の場合、規制で土地が所有できない国も多く、高級コンドミニアム案件が主な投資案件になるため、投資金額も最低でも3000万円程度〜と、決して少額とはいえません。

現地で暮らす人にとっては手が出ない高級物件となり、レントに出す場合のターゲットは主に日本や欧米の駐在員といった非常に限られた層になり、実際に貸せずに固定資産税や管理費などの分だけ赤字が続くケースをいくつも知っています。

また、工期が遅れてコンドミニアム自体の引き渡しに時間がかかったり、完成しても想像していたよりもはるかにクオリティが低かったりというトラブルも頻発しています。すべてのプロジェクトがそうだとはいいませんが、十分理解してから取り組む必要があるでしょう。

そして見落としがちですが、海外の不動産に投資することは、その国の通貨ポジションを持つのと同義です。不安定な新興国の現地通貨が、あなたにとって魅力的なものなのか確認する必要があります。為替の視点を欠いて海外不動産投資をすると、出口で売却益を得る予定だったものが、為替相場次第で差損を被ることもあり得ます。海外不動産の成否には投資対象国の国力、通貨力も関係してきます。現金をマイナー通貨で持とうとは思わないような国でも、投資対象が不動産に形を変えると、不思議な事にマイナー通貨を喜んで選ぶ投資家が多くなるのです。

意外と低いアメリカ不動産投資のハードル

私は、海外への投資に目を向けるなら脇道ではなく王道、アメリカ不動産投資に取り組むことをお勧めします。始める前はハードルが高く感じるかもしれませんが、コンドミニアムやタウンハウスなどは１０００万円程度から始められ、むしろ新興国よりも少ない予算でスタートできます。もちろん、投資額が大きければ、さらにいろいろな選択肢や可能性が増えます。

アメリカの不動産業界は、日本と同様に不動産事業者の免許制度がありますし、日本のレインズに相当する物件情報登録システムＭＬＳ（マルチプル・リスティング・サービス）も整備されています。取引の安全性を高めるエスクローサービスも一般に利用され、はじめは戸惑うこともありますが、一度そのハードルを越えてしまえば非常に便利な制度が整っていますし、制度面では日本より投資家保護が進んでいるといえます。

さすがに我々のように、アメリカと日本に事務所を置いて、現地に足を運ばなくても投資がスタートできるサービスを提供しているところは少ないようですが、先進国ならではの安心感があります。

移民の力で成長を続けるアメリカ

私が子供の頃、日本は世界第2位の経済大国で「ジャパンアズNO・1」といわれていました。悔しいことに、現在は国民一人あたりのGDPでは26位に後退し、香港、シンガポールの後塵を拝しています。為替の影響もありますが、一番大きな理由は、国としての活力の違いであると感じます。国の活力を上げるために最も重要な政策が移民の受け入れです。

日本は、今はまだアジア諸国を中心とした憧れの対象で、行きたいと思ってもらえる国ですが、アジアの国の人々が、いつまでも日本を目指してくれるわけではありません。

私もタイから日本へスタッフを6人連れてくるためのビザ申請をしたことがありますが、形式的な理由で却下され、かないませんでした。介護の仕事を志すフィリピン人希望者に、介護の知識以上に過剰な日本語試験を課していることがニュースでも取り上げられていますが、ナンセンスとしか言いようがありません。

アメリカは、アップル、アマゾン、グーグル、フェイスブックのように、世界を牽引するグローバル企業が途切れることなく生まれ続けています。実は、これらの会社の創業者の多くが移民一世や二世です。スティーブ・ジョブズはシリア移民の二世ですし、ジェフ・ベゾスはキューバ移民の二世、グーグルのセルゲイ・ブリンはロシア移民一世、フェイスブックの共同創業者のエドゥアルド・サベリンはブラジル移民一世です。アメリカ人が優れているというよりも、優れた人がアメリカを目指す。これが大きいのです。

日本では、2008年の人口1億2800万人をピークに人口減少が始まっています。今後2050年には、1億人を切ることはほぼ確実との統計があり、これは、いまから3割も人口が減るということになります。このままいくと2080年までに人口は5000万人へと減少するという空恐ろしい予想もあります。

人口減少が加速する現代の日本の中で、事業を伸ばし資産形成をしていくのは、川の流れにあらがうような泳力が必要になります。

人口減少問題は日本に限った問題ではなく、多くの先進国における共通課題となっ

日本の人口推移予想

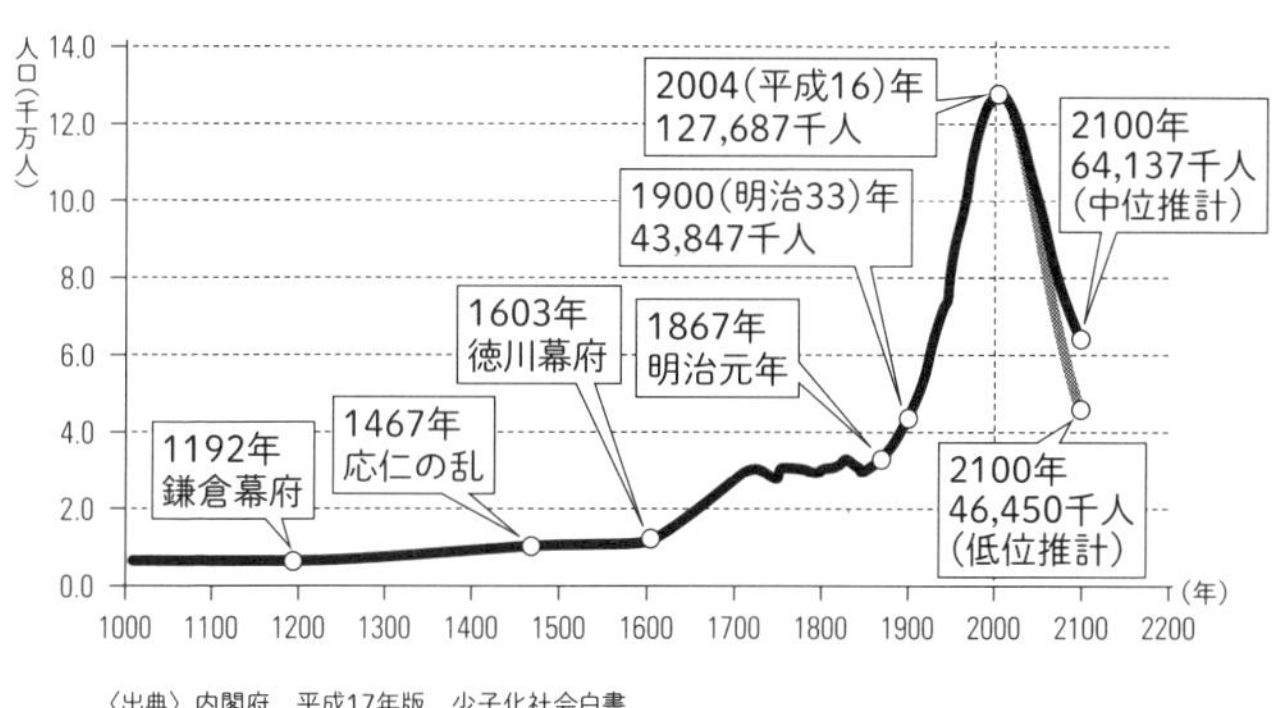

〈出典〉内閣府　平成17年版　少子化社会白書

主要先進国の人口推移と予想(中位推計)

1980年=100

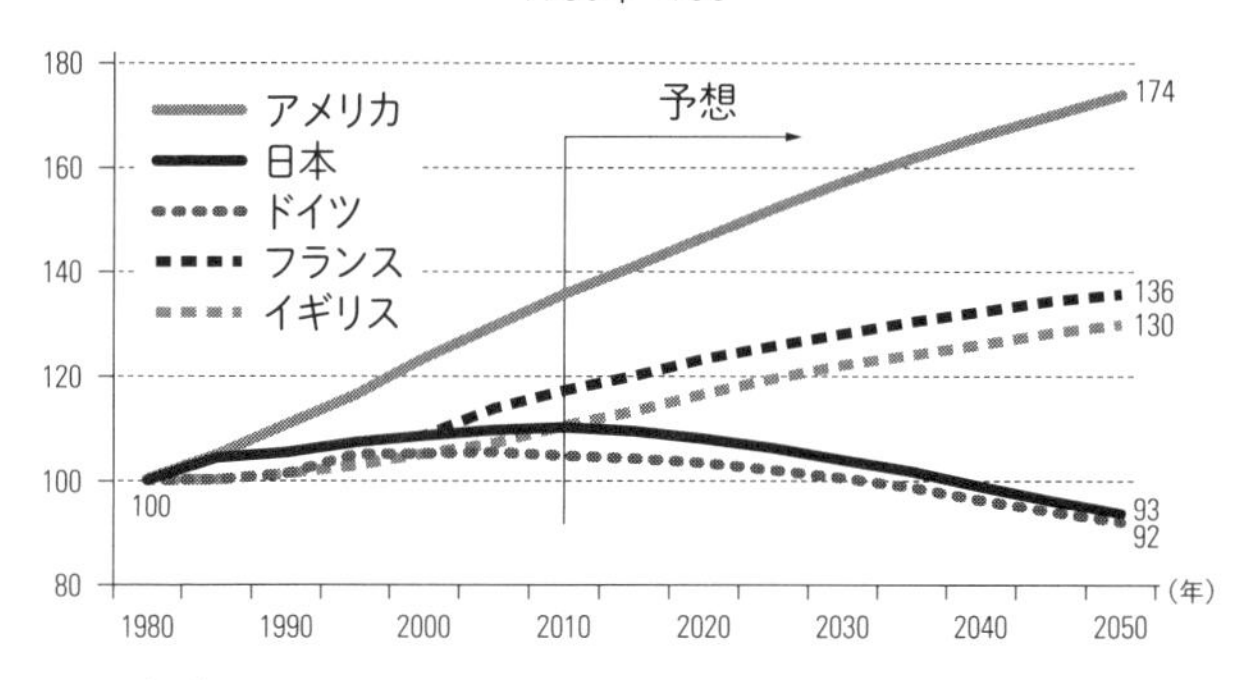

〈出典〉Population Division of the Department of Economic and Social Affairs of the United Nations Secretariat,World Population Prospects: The 2012 Revision

ています。しかし主要先進国の人口推移予測を比較してみると、ずば抜けた人口増加率を示している国があります。それがアメリカです。

アメリカは、今後も移民を中心に右肩上がりに人口増が続き、２０５０年には人口４億人を超えると予測されています。

私が訪れた国は、北米・中米・アジア・オセアニア・ヨーロッパ・アフリカと30カ国にのぼりますが、アメリカの豊かさ、前向きさ、活力は群を抜きます。その活力の源が、アグレッシブな移民です。自動車ディーラーにいけばロシア人、「Ｕｂｅｒ」のドライバーはパキスタン人、レストランのサーバーはタイ人。これがアメリカの日常です。

私のアメリカ不動産事業も、スーツを着たアングロサクソンとだけ付き合って握手を交わしていたらビジネスが上手く回るかというと、そんな格好の良いものではありません。物件の売主も韓国人、ベトナム人、インド人と様々ですし、情報をくれるエージェントも台湾系、イタリア系、メキシコ系などバラエティに富んでいます。

管理においても、スマートさよりも泥臭さこそ重要になることがあります。私のプロジェクトの中にはヒスパニック（メキシコ人）やアフリカ系アメリカ人の方々が入居する物件もあり、これらの入居者の方々をマネージする管理スタッフは、気合の入ったイスラエル系です。

この多様性が生み出すエネルギーが、アメリカの強いファンダメンタルズの源になっていると感じます。

2国間の税制の違いが生み出す非常識なタックスメリット

私の元にも経営者仲間からアメリカ不動産投資に関する相談が増えていますが、そのひとつの狙いは非常識なまでに得られるタックスメリットです。実際、米国で中古不動産を所有することで得られる税務上のメリットは、日本国内不動産を使った場合の効果とは比較になりません。

ポイントは、

●日本人が持つ海外不動産の損益は、日本で合算して申告する
●価値が下がらないアメリカの木造中古不動産を、日本で短期で償却する

ということです。

つまり、日本とアメリカの耐用年数＝減価償却期間の考え方のギャップを活かして、日本国内での所得にかかる所得税をセーブして繰り延べるのです。

日本は建物を短いサイクルで建て替えます。特に木造の建物は、20年もすれば全く価値がないものとみなします。一方アメリカは、リモデルを重ねて１００年以上使用されている木造住宅も流通して

日本における償却資産(建物)の耐用年数

構造・用途	細　目	耐用年数
木造・合成樹脂造のもの	事務所用のもの	24
	店舗用・住宅用のもの	22
	工場用・倉庫用のもの(一般用)	15
鉄骨鉄筋コンクリート造・鉄筋コンクリート造のもの	事務所用のもの	50
	住宅用のもの	47
れんが造・石造・ブロック造のもの	事務所用のもの	41
	店舗用・住宅用・飲食店用のもの	38

います。

アメリカ国内では、いかに古い建物でも27年半で償却していくのですが、日本居住者が日本で申告する場合、海外の不動産であっても日本の税制にあてはめるために、実際にはそこまで価値が下がらないにも関わらず、短期で償却していくことになります。

日本の場合、ご存知の通り、新築の木造住宅で22年、新築のＲＣ鉄筋コンクリート造で47年です。

建物が中古の場合は、その建物の使用可能期間を見積もることによって耐用年数を決めます。これを「見積法」といいますが、その建物があと何年使えるかを見積もることが難しい場合、「簡便法」という方法で計算することが認められています。

耐用年数を超えた建物の場合、法定耐用年数×20％（端数切捨て）と規定されており、

木造住宅の耐用年数22年×20％＝４年

建物部分を４年で償却することが可能です。

もちろん、減価償却するのは「建物」部分のみで土地部分は償却されません。したがって、建物部分の比率が高い物件を取得する方が、タックスメリットを得やすいということになります。

アメリカ国内でも、基本的に立地のよい物件は、日本と同様土地の評価が高くなる傾向がありますが、テキサス州の住宅やアパートといった物件の場合は、80％前後のものが多く、90％を超えるものも散見されます。このため、減価償却を利用したタックスマネジメントに向いています。

具体的な例で数字を見てみましょう。

日本で１２００万円の所得がある個人が、１０００万円の中古木造物件をテキサスで取得したとします（話を簡略化するために、為替変動はないものとします）。

テキサス州では建物比率が8割程度の物件は一般的です。建物比率80%の物件を取得したとすると、建物部分の価値が800万円となり、これを4年かけて償却することになります。1年あたり200万円の償却を取ると、所得1200万円の方は、87万円の節税効果が得られます。

87万円×4年＝348万円

償却期間の4年で348万円、所得税を節税できます。

4年の償却をとった後、5年後以降に物件を売れば、「長期」の譲渡所得税率が適用されるので、不動産売却にかかる税率は20%になります（それ以下の短期で売却した場合には、39%となり不利になります）。

この物件の売却価格が購入時と同じ1000万円だった場合、「買値と同じ値段では利益は出ていない」と思われる方がいるかもしれませんが、4年間で800万円が減価償却されているので、その分を引いて残存簿価は土地部分の200万円となります。そのため１０００万円で売却した場合、８００万円の売却益が発生します。この８００万円に20％課税されるので、課税額は１６２万円となります。

４年間減価償却をとった結果得た、所得税をセーブした３４８万円と、不動産売却時に支払う１６２万円の譲渡所得税。このふたつの差額である１８６万円がアメリカ不動産を５年間持つことで得られた、実質的なタックスメリットとなります。

なお、別途、保有期間を通じて家賃収入というインカムゲインも得ていますし、実際は物件自体の価格上昇や為替によって、

節税額計算例
（課税所得1200万円の方が、1000万円の物件を購入した場合）

1000万円で建物購入

建物部分800万円を4年で償却
その間の所得が減る分の税額 ＝348万円
（復興特別所得税除く）

5年後、1000万円で売却

不動産売却益にかかる税金は162万円
348万円－162万円 ＝186万円

差額186万円が節税額となる

結果は異なります。

もちろん、売却しないかぎり譲渡所得は発生しませんので、賃料が順調に入り続けている優良な物件であれば、含み益をもったまま保有しておくのも選択肢です。

また、法人で購入するには、テキサス州にいわゆる支店のような形でビジネス登録をする必要がありますが、日本法人に税務上合算することができます。

法人で行う他の利益繰り延べ策と同様に、赤字決算の事業年度に売却することで法人税を平準化できます。個人ではありませんので、5年超の長期で譲渡したからといって、譲渡所得にかかる税率が低くなるわけではありません。

いったん個人で購入してから、自分が代表者を務める会社の法人への持ち替えや、その逆、あるいは複数の法人を持っている方が法人間で売買をするケースなど、日本でのステータスによって、とるべき方策にはバラエティがあります。

いずれにしても、法制度の整ったアメリカにおいては、土地建物を所有し、売買契約書や登記簿謄本、管理レポートを基にした損益計算書など、日本の基準に照らしてもほぼ不足ない資料を整えることができますので（もちろん英語ですが）、ルールに則って適切に税務申告を行えば、タックスマネジメントとして有効な手段となります。

念のため申し添えておきますが、あくまで事例として取り上げていますので、実際の税務については、必ず税理士さんなどの資格者にお尋ねください。特に為替レートの取り扱いなど、安易な自己判断は禁物です。

この税制の「ゆがみ」はいつまでも続かない

つまりアメリカの不動産に投資する目的のひとつは「建物は長期に渡って使用される」前提のアメリカの中古不動産を取得し、「建物は20年もすれば価値がない」前提の日本で減価償却を計算した結果生まれる、ある種の「ゆがみ」を利用してタックスメリットを享受することだといえます。

しかし、私はこのメリットが永続的に存在するとは考えていません。すでに会計検査院は、富裕層が海外不動産を購入して減価償却を取る状況に対して、対応を協議し始めています。

最近ではタワーマンション購入による相続税の圧縮も、新聞に取り上げられたことがきっかけで、税制が改正されました。節税対策として実践する人が増えれば、それを阻止しようとルールが変わるのは世の常です。かつて有効だった多くのスキームがそうであったように、扉が開かれている時間は限られています。

橘玲氏の『お金持ちになれる黄金の羽根の拾い方２０１５』（幻冬舎）では、制度の歪みによってできる収益機会を「黄金の羽根」と表現しました。今、日本とアメリカにおける不動産税制の差異はまさに橘氏の言う「黄金の羽根」となっています。その羽根を拾うことが出来る方は限られるかもしれない、というのが今の状況です。

外貨を稼いで日本で納税する意義

ここでひとつお伝えしておきたいのが、私の納税に対するスタンスです。

私は1年のうち、半分はアメリカを拠点にし、のこりの半分は日本やタイなどのアジア諸国に滞在しています。このような生活スタイルをお話しすると「じゃあ、マットさんはPT（パーマネントトラベラー）なのですね」という方がいますが、それが居住地を持たずにどこにも納税しない状態を指しているなら、答えはNOです。フットワークの軽さが取り柄ですので、私のマインドはもしかしたらPT＝永遠の旅人に近いものがあるかもしれません。しかしフィジカルに多拠点を移動しているのは、その時に魅力的だと感じたビジネスを実際に走らせるためであり、実際、私は日本でも、アメリカでもしっかり納税しています。

多拠点で活動することの面白さは、国や地域が異なることで生まれるギャップを利用して、現地だけでは作れないビジネスチャンスを生み出すことです。日本ではできる資金調達方法が、アメリカでは驚きであったり、日本にはないリターンの案件がテキサスにはあったり、非常にエキサイティングなチャンスが生まれます。

税をコントロールして一時的であれ手元のキャッシュが厚くできれば、個人の資産運用や、経営者がとれる経営戦略に幅が生まれます。

しかし、税金をゼロにすることに血道を上げて、あれこれ腐心しているのでは本末転倒です。先輩たちの税金で作られたインフラや公共資産のうえに我々の生活や事業が成り立っている事実を忘れてはいけません。

リスクを取り、たくさんの人の役に立ち、雇用を生み出し、総量としての納税額を増やしていく。それが私たち事業家ができる、国や公共団体への貢献だと思います。今後、経済規模が縮小する我が国において、私のように日本以外でも稼いで日本でも納税できる人が増えれば、長い目で見て大きな希望になると考えています。

第2章

今投資するなら、テキサス州

アメリカの中でも、どこに投資するべきか。その答えを探っていきましょう。

日本人になじみの深いカリフォルニアやハワイ、ニューヨークであれば仕事で行く機会も多いでしょうし、イメージがわく土地もあるでしょう。しかしそのような誰しもが思い浮かべる超人気エリアは、日本人だけではなく、現地のアメリカ人投資家、そして世界の投資家からも人気の場所となっており、すでに不動産価格が大きく上昇しているので、今から投資目的で持つには難しい状況です。

そこで、「まだ価格が安くて買いやすい、メジャーな場所」で買うことになりますが、まさしくそれがテキサス州です。

発展目覚ましいテキサス州

みなさんは「テキサス州」と聞いて、どのようなイメージを持たれるでしょうか。もしかしたら広大な荒野が広がり、荒くれ者のカウボーイ達が暴れ馬に乗っている印象でしょうか。

アメリカ・テキサス州の位置

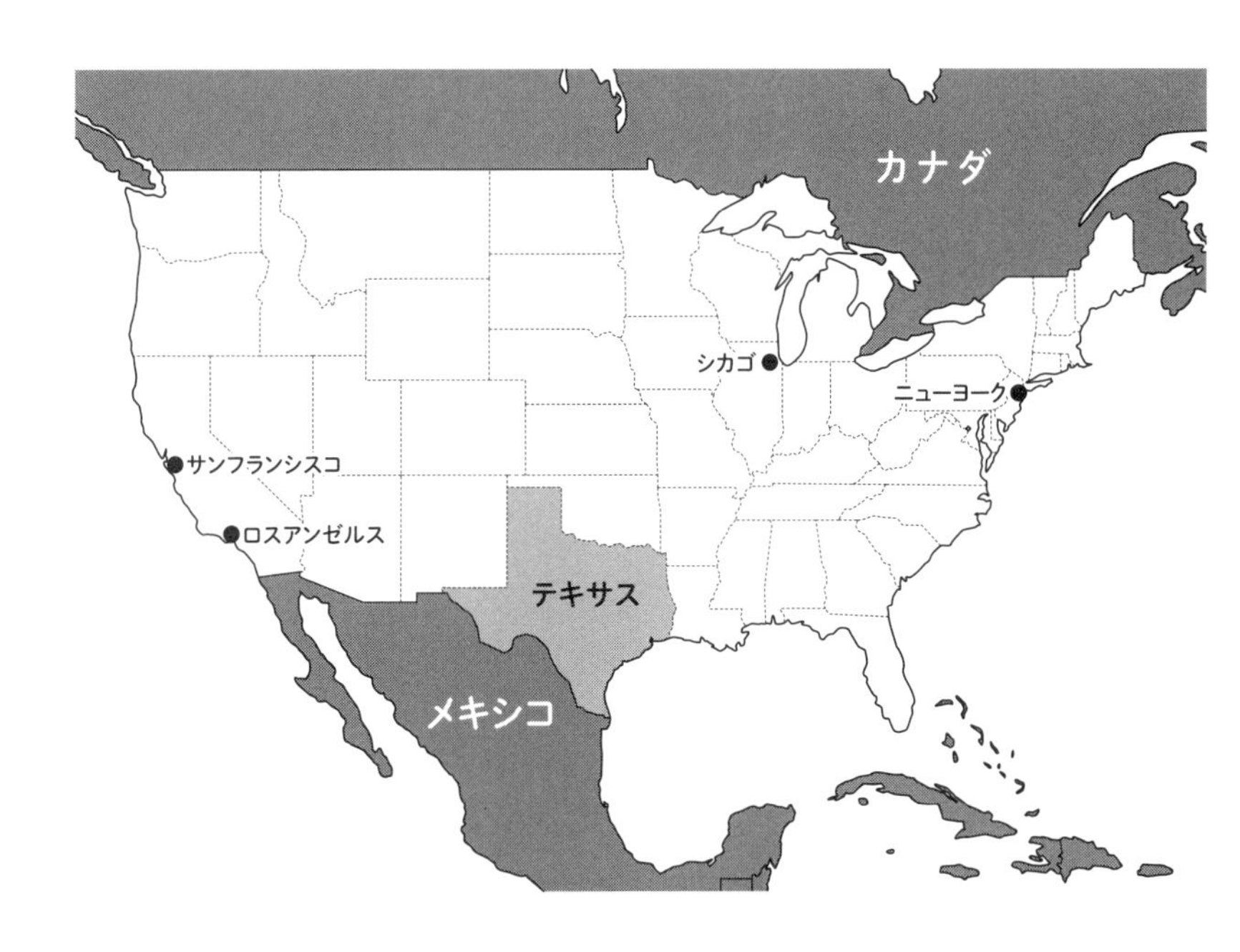

たしかに今でも、ロデオは日本でいえば大相撲本場所とフジロックフェスティバルを掛け合わせたような一大行事ですし、畜産業もテキサスの伝統的な産業です。日本の2倍の面積（70万平方キロメートル）にもなる広大な土地があり、まだまだ未開発の地域も残され、シェールオイルの発掘などの産業が凄まじい勢いで勃興した場所でもあります。

テキサス州は大都会

全米屈指の都市を形成

公共交通機関投資も活発

しかし、実際には非常に近代的で洗練された大都市を擁する、全米屈指の州です。

アメリカの各州は、一国に匹敵する経済規模がありますが、テキサス州は、カリフォルニア州に次ぐ全米2位のＧＤＰを誇り、カナダ一国のＧＤＰに比肩する経済規模を誇ります。先進国アメリカの中のメジャー都市を抱えながら、まだまだ未開の発展途上にある州がテキサス州なのです。

ちなみにテキサス州には私の好きなプロバスケットボールのＮＢＡがフランチャンズにしている都市も、ヒューストン、ダラス、サンアントニオと3つもあります。

プロスポーツの有無は、その都市のメジャー感をつかむうえで参考になりますが、ヒューストンでいえばトヨタセンターを本拠地にしているバスケットボールＮＢＡ（ロケッツ）をはじめ、アメフトＮＦＬ（テキサンズ）、野球ＭＬＢ（アストロズ）、サッカーＭＬＳ（ダイナモ）があります。

まだ安いテキサス州の不動産価格

不動産価格について見てみましょう。長い目で見て、アメリカ全体の平均をとれば上昇基調であるものの、アメリカ全土の不動産が同じような価格推移をしているわけではありません。S&P社が公表している住宅価格指標で全米20都市平均と、カリフォルニア州（サンフランシスコ）、テキサス州（ダラス）、ミシガン州（デトロイト）のグラフを見てみましょう。

全米平均の推移からは、2007年まで高騰したのち、いわゆるサブプライムローン問題が顕在化し、一気に下落に転じたのち、金融緩和策などの対策によって水準を戻してきているのが見て取れます。

カリフォルニアのような人気地域は平均よりもボラタイル（変動が大きい）な動きをしています。2017年現在、すでに2007年のピークを抜いてきています。

人気になるときは過熱しやすく、その分下降のスピードも速いのが特徴です。

テキサス州はどうでしょうか？　今から見れば幸いなことに、2007年までのブームの局面では人気が低く、価格が低いままでした。したがってブーム崩壊後も価格下落は限られており、全米で第2の経済規模を誇るにも関わらず、不動産価格は出遅れているのです。

ここのところは順調に上昇基調をたどっていますが、それでも妙味が残されている水準だと言えます。住宅価格で言えば、カリフォルニアの半分以下の価格帯ですし、投資用の物件として見てもカリフォルニア

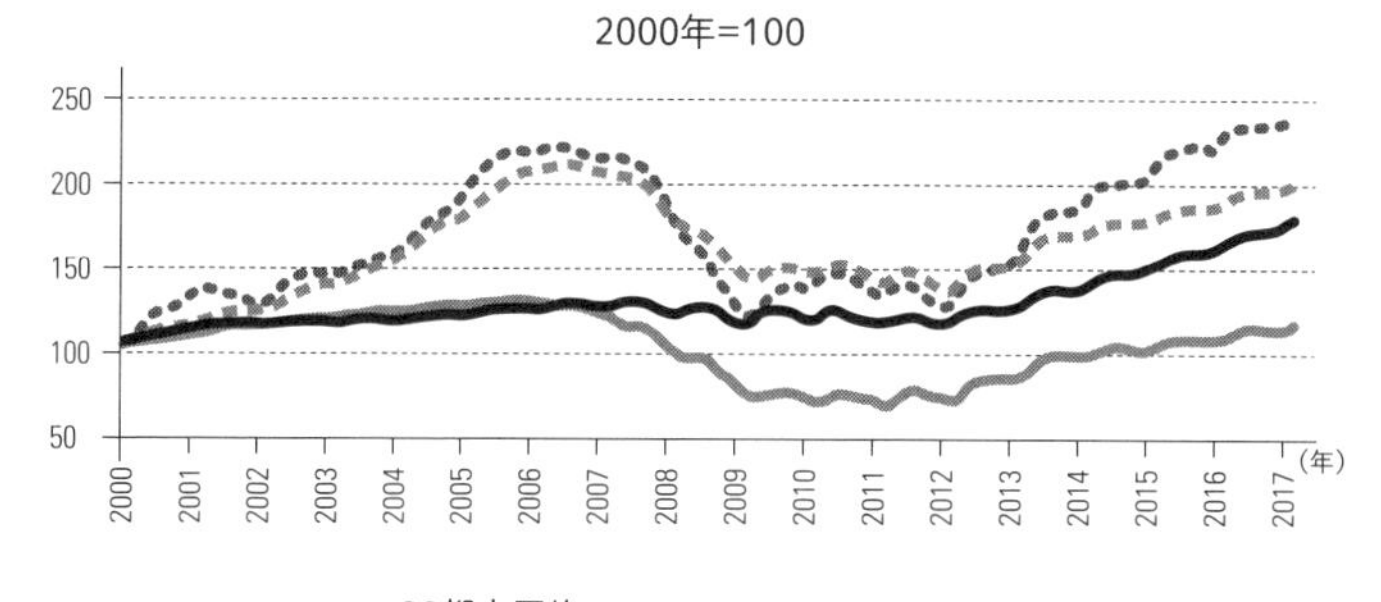

〈出典〉S&P社・住宅価格指数

の都市圏であればネット利回り7％の物件を探すのは至難の業ですが、テキサスであれば普通にリスティングされています。

人口増加に着目するとますますテキサス州

不動産価格も手ごろなうえに、テキサス州では州税がないという税務上の魅力もあります。アメリカでは各州が独自に州税を徴収していて、税率にすると、5～8％程度課税されるのが一般的です。

しかし、テキサス州ではこの州税を0％に設定しているのです。

たとえば年収1000万円の人がテキサス州に住むか、他の州に住むかで、可処分所得が50～80万円も違うわけですから、テキサス州に引っ越すことが、経済合理性のある行動となります。

州税0％の恩恵は、個人だけでなく法人にも及びます。米国トヨタはアメリカ本社をカリフォルニア州からテキサス州に移転させていますし、テキサスには大手日系企業が進出を計画していますが、税務上のメリットも彼らの意思決定に大きく影響しています。

人件費の面からも企業の進出・移転意欲は掻き立てられます。現在カリフォルニア州でレストランのウェイターの募集の実勢時給は、12ドルが必要ですし、2022年には15ドルに達することが決まっています。これがテキサス州であれば3ドル台で雇用できます。

チップがもらえる従業員の例ですが、同じ国でありながらも州が違うと人件費が3分の1以下になるというのは、驚くべき差です。

これらの誘因によって、アメリカの中でもテキサス州の人口は増加の一途をたどっています。テキサス州の人口は、約2700万人とカリフォルニア州の3800万人に次ぐ全米第2位でありながらまだまだ拡大を続けており、2010年から2015年の間で8％以上の伸び率を見せています。

不動産情報サイト「リアルター・ドット・コム（Realtor.com）」が2017年5

アメリカの急成長都市ランキング　※( )内は近隣の大都市

1位	テキサス州コンロー(ヒューストン)
2位	テキサス州フリスコ(ダラス)
3位	テキサス州マッキニー(ダラス)
4位	サウスカロライナ州グリーンビル
5位	テキサス州ジョージタウン(オースティン)
6位	オレゴン州ベンド
7位	アリゾナ州バックアイ(フェニックス)
8位	フロリダ州ボニータスプリングス(フォートマイヤーズ)
9位	テキサス州ニューブラウンフェルズ(サンアントニオ)
10位	テネシー州マーフリーズボロ(ナッシュビル)

〈出典〉Realtor.com

月に発表した報告書によると、人口5万人を超える米国内の急成長都市のベスト3をテキサス州の都市が独占、さらにランキングトップ10の半数がテキサス州の都市という結果が示されています。

一方、誰しもあこがれるカリフォルニアライフは、そのためにかかる圧倒的に高いリビングコストのために、むしろ州内人口の伸びが停滞すると予測されています。

また、人口の減少が予測されている都市もあります。先ほどの住宅価格推移のグラフの一番下にある、デトロイトです。

デトロイトは自動車産業の中心地として

栄えた都市ですが、日本車との競争にやぶれ２００万近くあった人口もなんと3分の1の70万人まで減り、市が２０１３年7月に財政破綻をするに至っています。

一時期、デトロイトの安い一軒家への投資が日本人投資家の間で流行しましたが、その多くは運営に苦労しているようです。投資先の選択には、人口推移のファンダメンタル分析は不可欠です。

テキサス州最大都市、ヒューストンに注目

新たに海外でビジネスや投資を行うなら、最大都市を押さえるという鉄則を紹介しました。これをテキサスでの不動産投資にあてはめると、選ぶべき都市はヒューストンです。

非常に魅力的なファンダメンタルのテキサス州の中でも、最大都市であるヒューストンは人口２００万都市で、広域のヒューストン都市圏ですと５００万人都市です。日本で言えば、名古屋に相当する全米4位の大都市です。

テキサス州地図

アマリロ
ラボック
シャーマン
デントン
ガーランド
アーリントン
ダラス
フォートワース
ロングビュー
アビリーン
ミッドランド
エルパソ
サンアンジェロ
キリーン
カレッジステーション
オースティン
ボーモント
ベイタウン
ヒューストン
ニューブローンフェルズ
サンアントニオ
ガルベストン
ラレド
コーパス・クリスティ
ハーリンゲン
エディンバーグ
マッカレン
ブラウンズビル

ヒューストンにはPhillipsやSyscoをはじめとして24社のフォーチュン500企業が本社を置くほどのビジネスの集積地が形成されています（これはニューヨークに次いで2位です）。日系企業ではダイキン、クラレ、三菱重工業といった製造業関連企業がアメリカ本社を置き、領事館に在留登録している日本人もテキサス州内でも最も多く2012年の2408人から、2015年の4006人と大幅に増えています。

全米最大級の貿易港や、ユナイテッド航空がハブ空港とするジョージブッシュインターコンチネンタル空港が、運輸・物流の

テキサス・ヒューストンエリアの雇用

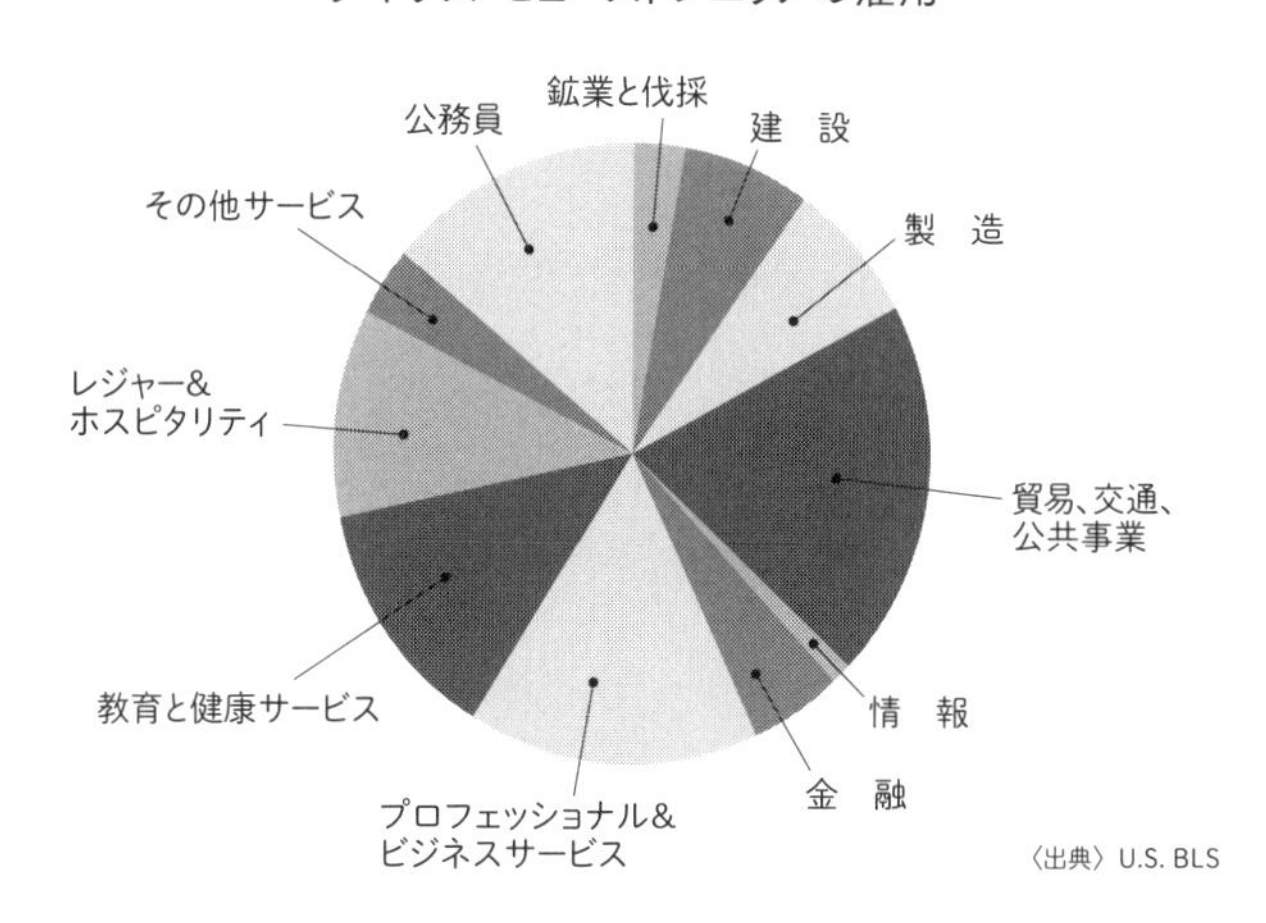

〈出典〉U.S. BLS

一大拠点となっています。中南米へ多数の便が飛んでいますので、乗り換えで使われた方もいるかもしれません。

原油価格の上がり下がりが、不動産市況に大きく影響することを懸念される方もいますが、グラフの通り鉱業関連雇用者数は、非農業給与所得者のうち３％に満たない割合となっています。製造業・金融・サービス・医療等、さまざまな産業が集積して、強い経済を形作っていることがお分かりいただけると思います。

ヒューストンのエリアを見ていきましょう。

東京都同様に、環状線が走っておりＩ－６１０が、いわば山手通りです。実際の大きさやフリーウェイの規模は東京よりもだいぶ広いですが、この中が中心部、ダウンタウンエリアになります。このエリアでは、高層ビルが立ち並び現在も再開発の槌音が絶えることがありません。ライトレールが整備され、おしゃれなレストランが増え、急速に環境が良くなっています。

ヒューストンエリア地図

〈出典〉TRIPmedia Group,Inc

ダウンタウンの南側には10以上の博物館・美術館が建ち並ぶミュージアム・ディストリクトや名門ライス大学のキャンパスなどがあり、およそテキサスのイメージとはかけ離れていますが、非常に高い文化度に惹かれて不動産価格も高騰しています。

さらにその外側に走る環状線が8号線です。東京でいう環状八号線（カンパチ）ですが、この沿線ないし内側が利便性が高く、ダウンタウンへの移動もしやすいエ

センスの良いレストランも多数

洗練された商業施設

人種の多様性を象徴する整理された
チャイナタウン

リアになります。アパートなどは利便性が重要であるため、この地域が基本となる投資対象エリアになります。

カンパチの左下、西南エリアには全米屈指のチャイナタウンがあります。チャイナタウンと言っても、我々が思い浮かべるような雑多な町並みではなく、近代的なビルが建ちならぶ、整然とした中華系の街が形成されています。

中華系以外でも、テキサスの人種の多様性はニューヨーク以上といわれ、アメリカの中でも様々な移民を受け入れる土壌があります。多様な人種が住む都市は、それだけ幅広い住宅需要が存在することを意味します。どの層をターゲットに賃貸経営を行うかで、期待できるリターンもリスクも変わってきます。

郊外には、ケイティ、シュガーランドなど60年代以降順次住宅街が開発され、優良学区では安定した一軒家需要がありますし、郊外型のショッピングモールができて環境がよくなり、また住宅も開発されるという発展を遂げています。

郊外の町のひとつ、南東部には我々の重点拠点でもある、クリアレイクエリアがあります。ここは、アメリカ航空宇宙局（ＮＡＳＡ）のジョンソン宇宙センターがあることで知られています。マンガ『宇宙兄弟』の舞台としてご存知の方もいるかもしれません。

ケネディ大統領によって推進された１９６０年代70年代のアポロ計画当時、国家予算をつぎ込んで開発された高級住宅街には、いまもパイロットやＮＡＳＡ関係の方が住んでいます。

以上みてきたように、大都市だからこそ得られる、さまざまな投資機会があることがヒューストンの大きな魅力です。投資家のステージや目的に応じて、投資対象を選ぶことが可能です。

さらに期待が持てるニュースがあります。ヒューストンとダラス間を、日本の新幹線技術を応用した高速鉄道を運行させるプロジェクトが進行中です。ＪＲ東海が技術協力しているこのプロジェクトにより、アメリカ初となる高速鉄道が開通することになります。高速鉄道が持ち込まれる意義は大きく、人々の生産性や生活スタイルを大きく変える可能性があります。もちろんこの開通によってヒューストン商圏が広がり、資産価値向上が期待できるのは言うまでもありません。

コラム1

アメリカ不動産を持つ裏の目的?

アメリカの生命保険には、もちろん通貨はドル建てですが、リターンがものすごく魅力的に設計されているものがあります。これは、アメリカの株式市場を中心とした運用環境が、保険会社にとって有利であること、日本よりもそもそも低コストで運営されていることが大きな要因になっています。アメリカに駐在する機会がある方などは、そのあまりの違いに驚き、日本でかけていた生命保険を見直し、同様の内容で3~4割も保険料を削減する人もいます。長期的にみて、年間平均リターンが7%にもなるようなオプション付きの「お宝」生命保険を有利な自分年金として形成している方もいます。

アメリカの生命保険会社は、日本居住者に対して、原則として保険を販売しませんし、業法上、エージェントもセールスできません。保険業法第186条(日本に支店等を設けない外国保険業者等)で、日本居住者が海外の保険を買うには、内閣総理大臣の許可が必要(!)とされており、許可を受けないで保険加入した人には、50万円以下の過料に処するという罰則規定も定められています（第337条）。一方で、相続税法などでは、外国の生命保険に加入している事例を前提としている規定もあり、実際には万人単位で海外の生命保険に加入している人がいるのが現状のようです。駐在員など海外居住中に加入した方や、さらには、かなりテクニカルになりますが、保険加入のための法人を設立して法人として加入したのちに個人に権利を移した方など、業法に触れないような加入の仕方を工夫すれば、海外生命保険＝違法というわけではありません。

アメリカの保険会社の対応としても、日本居住者であってもアメリカで不動産を持ち、納税するなどのステータスがあれば例外的に加入できることがあるようです。不動産投資で得た賃料を生命保険に投入することで、さらにパフォーマンスを上げる投資家もおり、中にはこれが、アメリカの不動産を持つ裏の目的だという人もいるほどです。

念のために強調しておきますが、これはあくまでも事例としてお伝えすることで、私から保険商品を紹介したり薦めたりするということはありません。私たちが知っておきたいのは、アメリカ不動産を持つ、あるいは、日本以外の国に居住地を移すことで、日本ではありえない高パフォーマンスな商品や投資の世界に触れるチャンスもあるということです。

第3章

テキサス州最大都市、ヒューストンの不動産投資実例

この章ではヒューストンでの不動産取引の実例として、一軒家（戸建）、アパート一棟、区分、商業施設といった、それぞれタイプの異なるものを紹介していきます。ヒューストンでどのような不動産が流通し、どのようなプロジェクトが動いているのか、現地のリアルな部分を感じていただければと思います。

ヒューストンでの一軒家取引事例

物件の売り出し価格は21万ドルで、その当時の値付けとしては、妥当といったところです。しかし、適正に値付けされた物件には、週末ともなるとオープンハウスに購入希望者が殺到します。高確率でその日のうちか、数日で申込みが入る、それがテキサスの一軒家の流通状況です。

そのため買い主は売り出し価格の21万ドルに対して、２０００ドル上乗せした価格、21万２０００ドルでビッド（買い）を提示、週末を待たずに契約を成立させました。テキサスの不動産売買では、日本で言う「買い上がり」が頻繁に行われてお

ヒューストン一軒家

価格	21万2000ドル
購入日	2011年4月15日
所在地	ヒューストン・クリアレイク NASAがある郊外 （東京近郊に例えると湘南藤沢といったところ）
物件タイプ	シングルファミリーハウス（SHF）＝一軒家
間取り	Bedroom　2.5Bathroom
築年	1978年
広さ	敷地9600SQF＝892㎡＝約270坪 床面積2546SQF＝236㎡
備考	暖炉が付いている。専用プールはないが コミュニティの共有プールがある。 ヒューストン郊外の典型的な一軒家

※1SQF＝0.99㎡ で換算

り、そうでもしないと良質の物件をグリップすることが難しいのです。

この物件の買い主は貸家として運用することを想定していたのですが、内装は古びており、雨漏りの痕が確認されました。そのままでは商品にならないため、2万ドルをかけてリモデル工事を発注しています。リフォーム完了後、程なくして家賃1600ドルで入居者付けができました。

その後、オーナーは購入から5年が経過した2016年5月に、27万ドルの価格で物件を売却しました。この時の買い手はアメリカ人のファミリー、つまり実需の買いです。

リフォーム代を考慮したうえで、5年保有して3万ドルのキャピタルゲインを得たことになります。さらにプラスして毎月1600ドルのインカムゲインを得ていました。

いかがでしょうか?70年代の古い一軒家が、価格を上げて転売可能なのです。

アメリカのキャピタルゲイン税の税率は、1年以上の物件保有で長期となり、税率はその人の収入によって変わりますが、0％～最大20％まで下がります。

また、アメリカでは通称1031（テン・サーティーワン）エクスチェンジという繰延税制があり、続けて次の収益物件を購入するとキャピタルゲイン税を先送りできる投資家に有利な税制度があります。

日本在住の個人及び日本法人が保有して売却する場合は、5年超でないと日本の税率が地方税と合わせて40％になりますので、その点注意が必要です。

ヒューストン一軒家事情

このように、テキサス州の郊外に目を向けると2000万円代で、いかにもアメリカ的な一軒家が購入できます。

一軒家の値段を決める要素として大きいウエイトを占めるのが「学区」の存在です。教育環境の整った学区にある不動産は人気化するので、安定した高い価格で取引されています。同じ市内でも学区の違いで極端な場合、倍近く、不動産の価値に差が出ます。

ヒューストンの高級物件ともなれば数億円する豪邸も流通していますが、当然、高すぎる高級一軒家物件は利回りが低いので、キャッシュフローを狙う投資に適しません。みなさんが狙うべきは、2000万円から3000万円のレンジに収まる一軒家。これに絞ることをお勧めします。

ヒューストンの一軒家は安い物件であれば2000万円以下で売り出されるものもあります。ただし、これらはボロボロすぎて多額の追加投資が必要となります。「安い」と思って安易に飛びつくと、想定外の修繕費用の請求に泣くことになりかねないので、あまりお勧めはしていません。

購入者のリスクを低減するための取引慣行として、買い主側がインスペクター（調査担当者）を雇い、家の診断を依頼することはよく行われています。

ただし、古ければそれなりに問題はあるものです。インスペクターを入れて完璧な物件を選ぶ、というのではインスペクションのコストがかさむ一方です。

むしろプロの不動産屋や投資家は、目視である程度問題を把握したうえで、基礎や屋根、土地に関する問題など、根本的な価値に関わる問題がある物件はスルーして、大きな問題がないもののみ交渉に入り、さらにインスペクターを雇って、インスペクションの結果を詳細な交渉の材料として使うことになります。価格面等でしっかりタイアップ（交渉権を得ること）したうえで、売主サイドに「ここここは修繕してから引き渡してください。もしこちらで手配するならば、その分の金額を値引きしてください」と依頼するのです。

一軒家投資の魅力とプレイヤー像

一軒家投資の良い点は、やることがシンプルでわかりやすいことです。家を買って、直して、貸す、これだけです。

しかし、地元の実需層が競合となるデメリットがあります。つまり現地のファミリー層を出し抜く機動力や資金力がないと、理想的な物件を手にするのは難しいということです。そのため、バッティングを避けて、あえて不人気エリアに絞って出物を探している不動産投資家もいます。

空き家状態で買うので、入居者を見つける必要があること、入居者がつくまで家賃収入が発生しないこともデメリットとなります。

ヒューストンの一軒家を狙うべき理想的なプレイヤー像は、3000万円くらいの現金が用意できる人、物件の近所に住んでいる人、のどちらかを満たすことです。もちろん両方満たすプレイヤーが強いのは言うまでもありません。やはり資金力があって、土地勘もあり、自主管理までできる人は強いです。こちらには戸建投資を生業とする「フリッパー」と呼ばれる人たちがいるくらい、ポピュラーな投資手法でライバルも多いのです。

ヒューストンでのアパート取引実例

ヒューストンアパート

価格	92万ドル　(※5万ドル値引き) 約1億円
購入日	2016年7月
所在地	ヒューストン都心に近い一等地 (東京で言うと中目黒)
物件タイプ	シングルファミリーハウス(SHF)＝一軒家
間取り	2Bedroom　2.5Bathroom　4Units 賃料1450ドル 1Bedroom　1Bathroom　2Units 賃料1000ドル
築年	1963年
広さ	5367SQF＝500㎡
戸数	6戸

※1SQF＝0.99㎡ で換算

中古アパート一棟の取引事例となります。4戸以上入った集合住宅は、アメリカでは商業物件扱いのマルチファミリーと呼ばれています。

この物件の売り主は、カリフォルニア在住の不動産投資家で、資産の組み換えによる現金化が売却理由でした。売り主はリーマンショック直後にかなり安い価格でこの物件を購入していることから、利益確定の売却となります。

この物件の特筆すべき点は立地の良さです。ヒューストンの中でも特に人気の場所に位置しており、周辺には人気のお店が充実しているので、将来にわたって安定した賃貸需要が見込めます。東京で例えるなら、周りにトレンディでおしゃれなお店がある、中目黒駅周辺のような立地です。

満室オーナーチェンジ物件として売りに出されたアパートは、すでに軽くリモデルされており、差し当たって大きな修繕も必要無さそうでした。

アメリカでアパートを買う際の注意点としては、レントロールを必ずチェックしておくことです。私はとくに「Move in date」（入居日）を注視しています。この日付が古ければ、安定経営が成り立ちやすく、仮に退去があってもテナント入れ替えで家賃を上げることが出来るので、家賃の伸びしろがある、という判断ができます。

ちなみにこの物件、家賃総額から諸々の経費を引いたキャップレート（収益還元率）が現状で6％あります。今後、賃料を徐々に上げていくことで、将来的に7％、8％を目指すのがアメリカアパート投資の基本戦略となります。

なにしろ抜群に立地がいいので、値上げは十分現実的な話です。このほか、Airbnb等の短期貸しの運用することで収益力を高める方法も選べます。インカムとキャピタルのバランスがとれていて、売ってよし、持ってよしのアメリカ不動産投資の見本となるような優良物件です。

本当は現地のアメリカ人投資家が一番手として交渉を進めていたのですが、融資付けに難航したようで、現金買いができる二番手に話が回ってきた経緯です。「キャッシュ・イズ・キング！」は万国共通、海外投資のハンデをひっくり返せる切り札となります。

この投資家は、少し前までハワイでの不動産投資を検討していました。しかし同じ1億円を投資するにしても、もしハワイだったらコンドミニアムを1室買って終わりとなっていたことでしょう。それにコンドミニアムのようなRC造の建物では、高速で減価償却するには適しません。ハワイが大好きで買う分には止めませんが、それでは投資としては面白くありません。

一方、この物件は日本での耐用年数を超える木造物件なので、取得後4年で償却することができ、タックスメリットを享受できます。しかも建物はしっかりメンテナンスされているので、まだまだ稼働してくれそうです。

同じアメリカ不動産でも、「どこを買うか」、さらに言うと「誰から紹介された物件を買うか」で、結果は大きく変わることになります。

ヒューストンアパート事情

テキサス州のアパートを狙うにあたり、郊外に絞ると高利回り物件を狙えます。ただし、郊外のアパートというのはヒスパニック系や、ワークラスの人たちをテナントとして運営する物件です。このような物件がリスティング上で利回り10％超の物件として流通していますが、当然運営リスクが高いものばかりです。こちらでは荒れた物件の管理を管理会社が断ることも珍しくないので、利回りだけで物件を買うと、どの会社からも管理を断わられるという可能性もあります。

管理会社に断られやすいアパートには傾向があり、家賃が低すぎる、ユニット数が少なすぎるアパートが敬遠されがちです。つまり、手間やリスクの割に彼らの儲けが少なすぎる物件は歓迎されないということです。

それでもリスクの高い物件を購入したいのであれば、賃借人の状況をチェックして、問題が見つかれば値引き材料とするなど、買い主の主体性や交渉力が必須となります。

この事例では買い主は現金購入していますが、アメリカの不動産取引では、購入後に融資を受けるバックファイナンスがよく行われており、投資額の6割程度を、金利4・5%の条件で銀行から融資を受けることが可能です。こちらの物件購入の投資家も今リファイナンスを受けるべく、購入後に米国の銀行と条件交渉をされています。アメリカでは、優良な不動産は貯金箱のようなもので、その物件に担保をつければ、銀行の評価額の60%くらいの現金を引き出すことができます。$1M＝1億円くらいの規模の物件になってくると、アメリカの銀行も外国人への融資や借り換え＝リファイナンスを検討してくれます。

アパート投資の魅力とプレイヤー像

アパート投資のメリットは、オーナーチェンジで購入するので、すぐに賃料が入る点です。しかしデメリットもあり、入居者同士の騒音等のトラブルが起きることや共有部のメンテナンス問題、規模的に投資額が大きくなるという点などがあげられます。これは万国共通の悩ましい問題です。

ヒューストンでアパート投資をするのに適したプレイヤーは、自分で経営方針を決められる人、リスクを取って積極的にリターンを狙いにいける人です。日本で一棟もの不動産投資を経験していれば、当然有利に働きます。

融資を受けるにしても、自己資金は最低でも物件価格の3割は必要となります。こちらでは日本のようなフルローンの仕組みはありません。大きな物件を購入することになるので、３０００ドルくらいの報酬を支払って、インスペクターに物件を調査してもらうのが無難です。

参考までにＨＵＤ（決済時の明細書）を掲載しておきます。

このＨＵＤからわかるように、買い主には仲介手数料がかかっていません。登記費用に４００ドル、保険に７２５５ドルかかっただけです。登録免許税や、取得税は発生していません。日本と比べて買い手の取得コストが非常に安いのがアメリカ不動産の特徴です。

HUD（決済時明細書）

Fidelity National Title Agency, Inc.
9999 Bellaire Blvd, Suite 988, Houston, TX 77036
Phone: (713)779-7779 | FAX: (713)779-1779

BUYER'S STATEMENT

Settlement Date: July 29, 2016 **Escrow Number:** FTH-51F-FAH16005707
Disbursement Date: July 29, 2016 **Escrow Officer:** Dawn Lin
Buyer: K.K. Properties Corporation, a Foreign Corporation
Kaigan Minato-ku, Tokyo, Japan
Seller: Investment Property Exchange Services, Inc., Qualified Intermediary for Christy Belt and Christopher Keledjian under Exchange No. EX-02-37527-LZR
807 Angelus Pl
Venice, CA 90291
Property: Bonnie Brae St
Houston, TX 77006
Lot(s): 17 Block: 4 CASTLE COURT Tax/Map ID(s): 0392230000017

		$ DEBIT	$ CREDIT
FINANCIAL CONSIDERATION			
Contract sales price		925,000.00	
Deposit or earnest money	K.K. Properties Corporation, a Foreign Corporation		50,000.00
Rental Proration 7/30/16 -7/31/16 $6755/31 days* 2 days			435.81
Security Deposit			6,025.00
Pet Deposit			875.00
PRORATIONS/ADJUSTMENTS			
County taxes 01/01/16 to 07/29/16	($12,701.16 / 366 X 211 days)		7,322.25
Montrose Mgmt District 01/01/16-07/29/16	($626.25 / 366 X 211 days)		361.03
TITLE & ESCROW CHARGES			
Escrow Fee	Dawn Lin of Dawn Lin & Associates, P.C.	325.00	
ERecording Fee	Simplifile	3.20	
Document Copy Fee	Dawn Lin of Dawn Lin & Associates, P.C.	4.00	
RECORDING CHARGES			
Government recording charges	Dawn Lin of Dawn Lin & Associates, P.C.	24.00	
MISCELLANEOUS CHARGES			
Homeowner's insurance	1.0 year Benefit Max Insurance Agency, Ir	7,255.00	
Capital Reserve	Annoura Realty Group, LLC	2,000.00	
Subtotals		934,611.20	65,019.09
Balance Due FROM Buyer			**869,592.11**
TOTALS		934,611.20	934,611.20

APPROVED and ACCEPTED

Buyer understands the Closing or Escrow Agent has assembled this information representing the transaction from the best information available from other sources and cannot guarantee the accuracy thereof. The Lender involved may be furnished a copy of this Statement. The undersigned hereby authorizes Fidelity National Title Agency, Inc. to make expenditures and disbursements as shown and approves same for payment. The undersigned also acknowledges receipt of loan funds in the amount shown above and a receipt of a copy of this Statement.

I have carefully reviewed the Settlement Statement and to the best of my knowledge and belief, it is a true and accurate statement of all receipts and disbursements made on my account or by me in this transaction. I further certify that I have received a copy of the Settlement Statement.

BUYER:

K.K. Properties Corporation, a Foreign Corporation

BY:________________
Director

I have caused or will cause the funds to be disbursed in accordance with the Statement which I have prepared.

To the best of my knowledge, the Settlement Statement which I have prepared is a true and accurate account of the funds which were received and have been or will be disbursed by the undersigned as part of the settlement of this transaction.

Fidelity National Title Agency, Inc.
Settlement Agent

Page 1 of 1 (FAH16005707/26) July 28, 2016 11:14 AM C

ヒューストンの区分取引事例

この事例では、ヒューストンの西側にある130戸からなるコンドミニアムの一室を取得しています。区分を購入する際は「管理とセットで買う」ことが鉄則となります。

ヒューストン区分事情

場所にもよりますが、区分は一軒家の3分の1程度価格から流通しているので、予算の目安としては、10万ドルから購入可能です。最安値のワンルームを探せば6万ドルから見つかります。小さい間取りの物件のほうが高利回りになるのは日本と同じです。区分所有は価格が安い分、複数所有することによる分散効果も期待できます。

ヒューストン区分

価 格	11万9000ドル
購入日	2017年4月1日
所在地	ヒューストンの西側、高級住宅街近郊 （東京でいうと杉並区）
物件タイプ	コンドミニアム＝区分
間取り	2Bedroom　2Bathroom
築 年	1980年
広 さ	1000SQF＝99㎡
利回り	グロス11％、ネット6％

※1SQF＝0.99㎡ で換算

ただし、このようなコンドミニアムは、1戸ずつの販売が行われていても、管理を請けてくれる会社が見つからない問題があります。したがって、ある程度まとめて購入することが必要となります。最低でも、同じ敷地に10戸所有していれば、管理会社も相談に乗ってくれることでしょう。

数のメリットを活かすために、私の会社ではバルクで一括購入した区分を、個人オーナーに分譲するビジネスも行っています。

区分のデメリットは、ＨＯＡフィーが毎月かかることです。ＨＯＡとはHOMEONERS ASSOCIATIONの略で、日本で言う管理組合費（修繕積立も含）のことです。ＨＯＡの相場は、２ベッドルームで家賃が１０００ドルの物件だと、だいたい２００ドルです。日本の感覚からすると「高い」と思われるかもしれませんが、反対に、安すぎる管理料ではまともな運営がされないリスクが高まります。ＨＯＡは賃料の2割が適正と考えてください。空室期間でもＨＯＡは発生するので、その間オーナーが持ち出しで支払うことになります。

余談ですが、ヒューストンの都心部にある区分は、HOAが500ドル、700ドルする物件がざらにあります。その理由は豪華な共用設備やより安全なセキュリティの充実度とその維持費用によるものです。一般的に投資向きの物件ではありません。

区分投資の魅力とプレイヤー像

もし、ヒューストンで区分を購入するのであれば、物件だけを見るのではなく、管理組合が健全運営かどうかの財務状況もあわせて確認することが必須となります。

適切な運営が投資の成否の鍵をにぎるので、いかに信頼できる管理会社を見つけるかが重要です。管理状態の良し悪しは、物件売却時の価格にも影響してきます。

区分は管理の問題さえクリアできれば、お手軽かつ手間がかからない点がメリットです。6万ドル～と手ごろな値段で購入できるので、自己資金の少ない方や、初心者の最初の投資としても手掛けやすいと言えるでしょう。

ヒューストンの商業施設取引事例

ヒューストン商業施設（ビフォー）

ヒューストン商業施設（アフター）

価 格	物件価格155万ドル＋追加工事50万ドル
購入日	2015年1月
所在地	メモリアル地区I-10至近
物件タイプ	商業施設（ショッピングモール）
築 年	1979年
広 さ	18,780SQF＝18,592㎡（P53台）
賃 料	購入時年間賃料10万7000ドル →改善後賃料19万ドル

※1SQF＝0.99㎡ で換算

管理状態がよくない商業施設を購入後、アップグレードした事例です。買い主は物件購入後、50万ドルの費用をかけて物件をバリューアップし、最終的に賃料を今の倍まで上げる計画です。

ヒューストン商業施設事情

テキサスの商業施設では、契約条件に毎年の賃料アップを3％程度盛り込むことも一般に行われます。そして1度入ったテナントは簡単に出ていかないので、長期に渡って安定収入が見込めます。この商業施設は、リフォーム費用を含む総投資額が2億円となります。今の市況で売却すると、少なく見積もっても3億円程度で売ることができるでしょう。

商業施設への投資はアパート投資よりも事業性が強く、こういう物件に好んでお金を出してくれるレンダー（貸主）が存在します。また商業施設の再生を専門とする投資家集団も存在しています。

ショッピングモール以外に、オフィスや倉庫物件も流通しています。ただし、これらの物件は木造以外の構造も含まれます。節税効果を期待している投資家は、鉄骨、RCよりも木造物件を買うべきなので、そこは各々の投資戦略で選好する物件に違いが生まれるでしょう。

こちらの商業施設の特徴として道路開発の恩恵をダイレクトに受ける点がありま す。新しい道路の開通で一気に資産価値があがります。ヒューストンでは開発が目覚ましいスピードで進んでいますので、開発計画のチェックも欠かせません。

商業施設の魅力とプレイヤー像

商業施設への投資メリットは、テナントの入れ替わりが少なく、手間がかからない点です。またトリプルネットリース（NNNリース）といってテナントが〝税金〟、〝保険〟、〝修繕費など〟の3つの経費を負担します。つまりグロスの利回りがほぼそのネット収入となります。また、契約によっては家賃の値上がりが保証されている長期契約がある点は、大きな魅力でもあります。

商業施設事例

Lowest Vacancy Rates 1Q17

Submarket	Vacancy Rate	Y-O-Y Basis Point Change	Asking Rents	Y-O-Y% Change
Inner Loop	3.7%	20	$23.71	4.4%
Northeast	4.2%	-10	$15.64	6.3%
East	4.8%	-180	$13.12	7.4%
West	4.8%	0	$20.43	12.2%
South	5.0%	10	$15.54	5.4%
Northwest	5.6%	20	$20.04	19.7%
North	5.7%	-20	$14.82	1.2%
Southwest	6.0%	-30	$15.08	1.8%
Southeast	6.2%	-50	$14.09	6.4%
CBD	6.5%	-340	$20.50	16.8%
Overall Metro	**5.4%**	**-20**	**$17.09**	**8.0%**

直近の市場動向を見ても、ヒューストン全体で空室率はわずか5％ですし、前年比８％の賃料上昇をしています。好立地にある商業施設であれば、購入時の賃料ベースでの利回りが低くても強気に賃料を上げたり、追加投資をしてバリューアップしやすい環境であることがわかります。

（Marcus and Millichap）

デメリットは、テナントが抜けてしまうと家賃のマイナス額が大きい点、住居系と比べて利回りが低く、投資金額が高くなる点です。

投資額が大きいため、誰でも出来る投資ではありませんが、バリューアップで一度に億越えのキャピタルゲインを狙えるのが魅力です。将来値上がりする見込み賃料をもとに売却価格を算出して出口を迎えることになります。

商業施設への投資は、ノウハウや物件流通量が住居系とまるで別物となるので、いわば上級者向けの投資となります。

以上、ヒューストンの不動産取引実例の紹介でした。

具体的な投資のイメージが湧きましたでしょうか？ヒューストンの最新物件事情が知りたい方は、私の会社までコンタクトいただければ幸いです。

コラム2

エスクローを通すからアメリカ不動産は安心？

アメリカ不動産のことを紹介している書籍では必ずと言っていいほど、「アメリカの不動産取引システムは優れていて、日本よりも安全」ということが書かれています。

根拠としてあげられているのは、第三者であるエスクローを通して決済をするシステムになっていることです。確かにエスクローという決済サービスは権利保護の観点で優れた仕組みです。

しかし、実際はすべてのエスクロー会社がきちんとしているかというと、そうでもありません。日本では買主の名前を司法書士さんが間違って登記するなどあり得ないミスだと思いますが、私はアメリカで「TASKAHASHI」と余計なSが入った、誤ったスペルで登記されてしまったことがあります。

本当にプロフェッショナルとしての意識が高いエスクロー会社は、資料も詳細ですし、依頼者の利益を守るために綿密な調査を怠りません。

売買交渉の際には、売主・買主どちらが指定したエスクローを使うかということも、重要な交渉事項となっています。

第4章

日本人には非常識な、アメリカ・テキサス不動産投資事情

8つの両国間の常識ギャップ

アメリカでの不動産投資を成功させるには、日本とアメリカの常識の違いを理解した上で、合理的な投資行動を取ることが肝要です。また、日本からアメリカに投資することのうまみも、両国間のギャップを使うことで生まれます。最低限知っておくべき、8つの両国間の常識ギャップを整理します。

❶アメリカは移民による人口増が続く

さまざまな経済予測のなかで、もっとも的中率の高い指標は、人口動態に関するものです。第1章でも説明したとおり、人口減少が急速に進む日本と対象的に、先進国でも際立って人口が増え続けている国がアメリカです。

人口が増え続けるということは、物件を貸すにあたり、貸り手が見つからない状況を心配する必要がない、ということです。古い物件でも、常に需要が供給を上回り続ける市場環境において、継続的に賃料の引き上げが可能です。

一方、日本の新築アパートの乱立はかなり深刻な状況です。近い将来、社会問題として顕在化するでしょう。問題の所在はそもそも人口が減る前提があるにも関わらず、需要を無視した供給が今も続いている点にあります。

日本の人口減少は深刻かつ確実に進んでおり、住宅の供給過剰により、将来ほとんどの地域で家賃の値下げが発生します。今、利回り10%を越えている日本のアパートが将来にわたって10%を維持することは難しく、できたとしても多額の追加投資の上で成り立つものとなるので、実質利回りは下がっていきます。投資するなら人口増が続く国へすべき、というのが私の考えです。

❷アメリカ不動産は、古くても価値があがる

日本の住宅の法定耐用年数は木造22年、鉄骨34年、RC造47年と決まっています。つまり日本の多くの建物が30年経ったら「価値がないもの」として扱われます。

財務省の統計データによると建物のサイクル年数は、日本30年、米国１０３年、英国に至っては１４１年とされています。これを見ても日本の建物のサイクルは、著しく短いのです。

また、アメリカでは、一見すると立派な石造りの邸宅もフレーム部分は木造であることが珍しくありません。木造住宅を壊して新しく建て直すのではなく、手入れをして長く使う価値観が一般的なのです。

どんなに建物が古くても、しっかり手入れされていれば評価されるのがアメリカ不動産です。むしろ新築物件の方が「設備の不備が心配だ」、「トラックレコードが不十分」という理由から敬遠されることすらあります。築年数が経っている物件は、それだけの間しっかり建っていた物件とみなされるのです。

「住宅投資額の累計と住宅資産額の日米比較」（国土交通省）によると、日本の住宅は、累計投資額がストック額を下回るという結果が出ています。

住宅投資額の累計と住宅資産額の日米比較

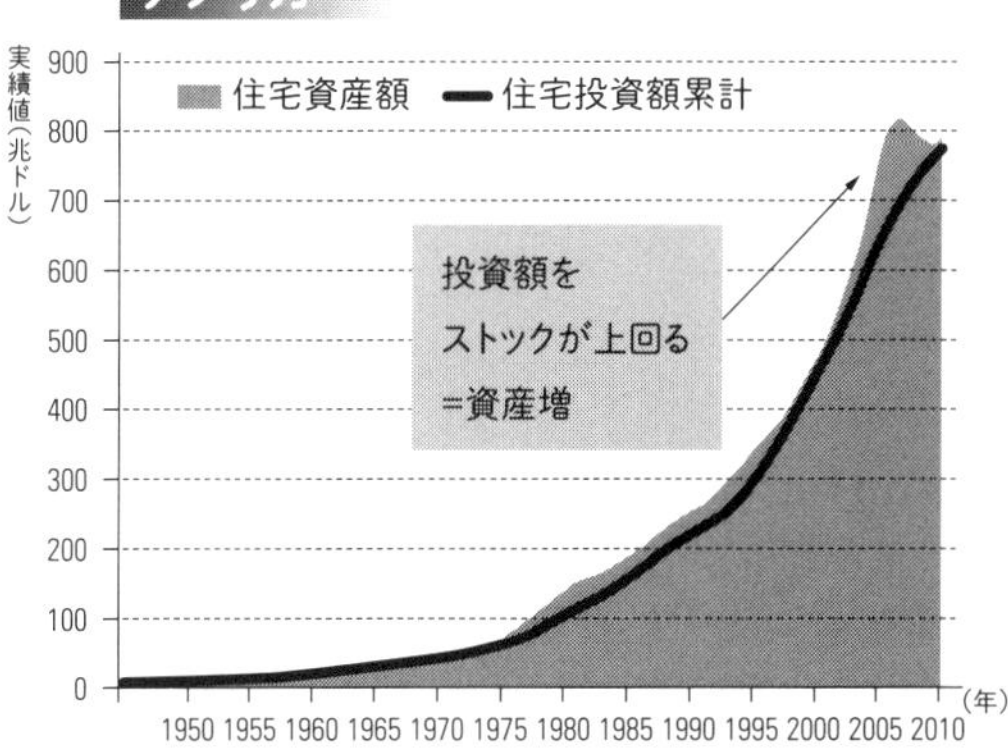

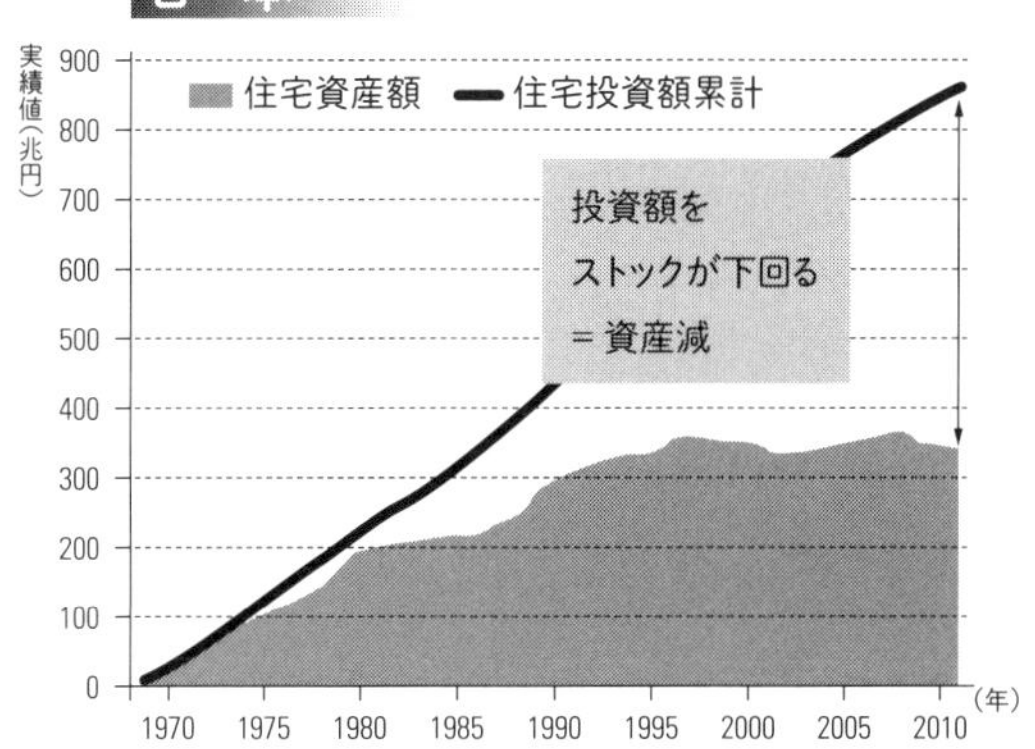

〈出典〉「中古住宅流通促進・活用に関する研究会（国土交通省）」2013年6月

つまりこのグラフは、日本人の住宅は購入すると負債になるという結果を表しており、その総額は500兆円にもなります。一方、アメリカは、ストック額が累計投資額を上回っています。アメリカ人の住宅購入は資産形成となっており、多くのオーナーが中古物件を手放す際に、売却益を得ているわけです。

❸ 家は4回買い替えるもの

住宅金融支援機構が実施した「平成24年フラット35利用者調査報告」によると、新築住宅の平均購入額は3000万円前半で、多くの方が35年のローンを組んで購入し「定年までにはなんとか完済したい」という人生設計をしています。つまり、日本人にとっては、マイホームは人生をかけた一生に一回の買い物だといえます。

それに対して、アメリカ人は一生のうち4回は家を買い替えるのが当たり前だと言われています。新婚時代はコンパクトなマンションに住み、子どもができたら郊外のタウンハウスや一軒家に引っ越します。子どもの成長に合わせて学区を念頭に置いた住み替えを行って、子どもが独立したら、再び夫婦でこじんまりとした住まいに移り住むのです。最近では、高付加価値の高齢者向けコンドミニアムが人気になっています。

なぜアメリカ人は4回も住宅を買い替えることができるのでしょうか？

住宅価格は、日本とアメリカにおいて大きな差はありません。しかも、アメリカの住宅ローン金利は4％にもなりますので、空前の低金利が続く日本の方が圧倒的にローンを組みやすいといえます。

それでもアメリカ人が4回も家を買えるのは、購入時より売却時のほうが不動産価格が値上がりしているからです。短期的な下落はあるものの、長期で見れば一貫して右肩上がりを続けているのが、アメリカ不動産です。

ある程度住んでから自宅を売れば、ローンの残債がチャラになるどころか売却益も得られるので、自宅をアップグレードしていく、まさに「わらしべ長者」のような買い替えが可能なのです。

バブル期までの日本でも、不動産を買うことは一般的な家庭において資産を形成する合理的な行動でした。ただしバブル崩壊後は、都心の一部を除いて不動産価格が下落基調を辿っているのは、皆さんもご存知のとおりです。

また、アメリカ人が4回も家を買い替えるということは、それだけ中古物件の売買が活発であることを意味します。アメリカでは年間500万件の中古住宅売買が行われています。一方、新築住宅の販売件数は100万件となります。つまり、アメリカの住宅市場における流通量の8割は中古物件ということです。

自宅をバリューアップして転売するという考えは、アメリカ全土で広く受け入れられています。TVをつければリフォーム番組が放送され、通販番組ではDIY用電動工具を宣伝しています。ホームセンターに行けば、ありとあらゆる住宅補修部品を取り扱っています。アメリカ人の資産形成において自宅というツールは必要不可欠なのです。アメリカは、3億総不動産投資家の国といっても良いでしょう。

中古住宅流通シェアの国際比較

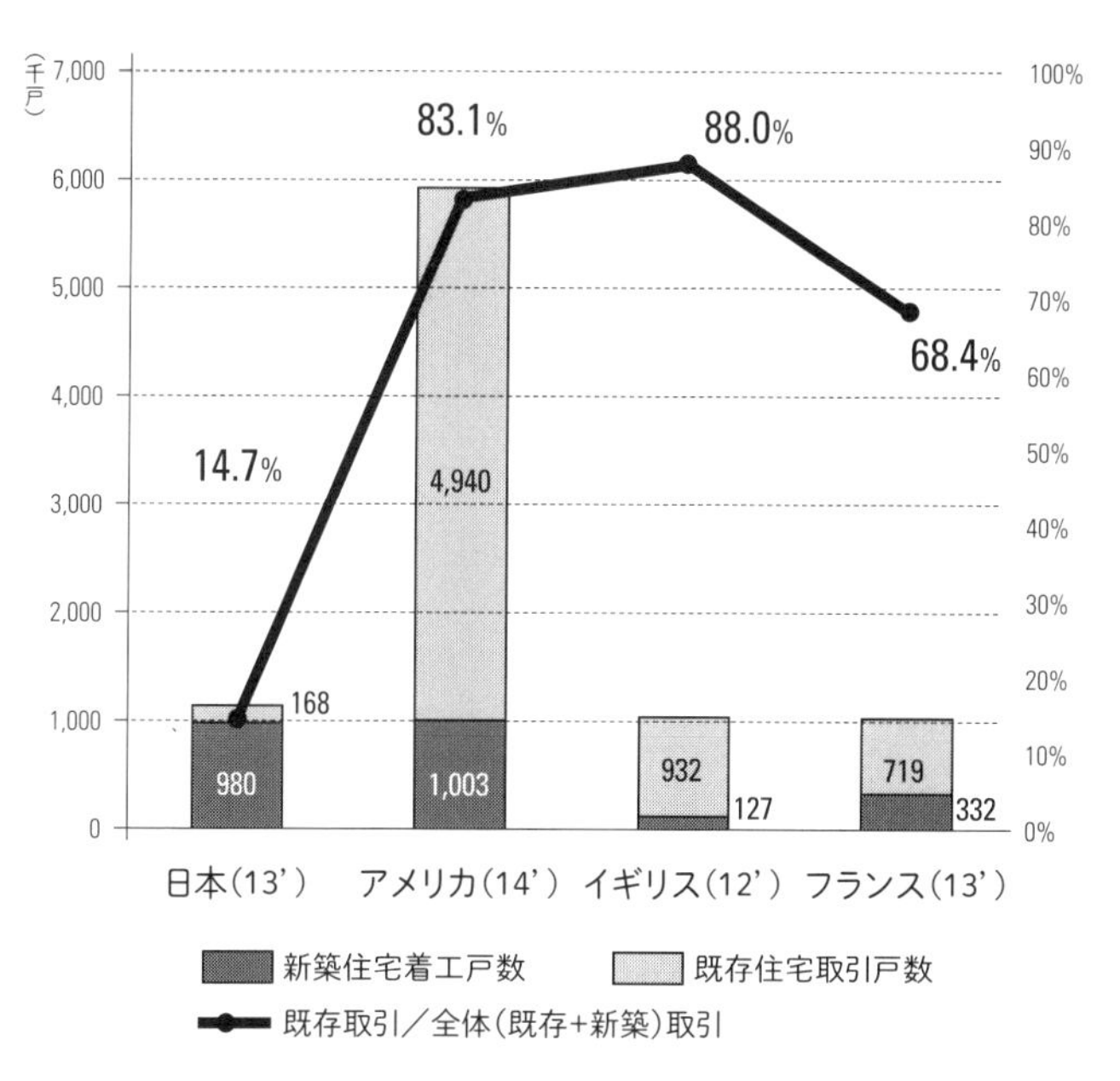

〈出典〉国土交通省資料

❹アメリカの住宅は1週間で成約が当たり前

日本で自宅を売りに出すと、どれくらいの期間で成約するでしょうか？住宅販売専門の不動産屋さんに聞いても「成約までに早くても数ヶ月」かかるというのが普通で、お客様の意向で強気のお値段で市場に出だされて（場所にもよりますが）、1年くらい売れない物件も多く預かっているとのことです。

一方、アメリカでは自宅を市場価格で売りに出すと、瞬く間にビッド（買い）のオファーが殺到して、その週の週末で内見、さらには契約まで進むことが珍しくありません。その物件が特に割安だったからということではなく、相場通りに値付けされた物件でこのスピード感です。おそらく売り主がもう少し強気の値段を設定したとしても状況は変わらず、瞬く間に成約していたことでしょう。

アメリカの中古住宅市場では株式投資でいう「板が厚い」状態がずっと続いてい

ます。その背景には移民や人口増があります。板が厚いことで流動性が確保され、取引がまとまるスピード感が日本とはまるで違います。

このことを理解せずに、好みの住宅をのんびり購入しようと思ってもまるで買えないわけです。いい物件を手に入れるには、瞬時に意思表示することが必要になります。さすがに一棟ものなど、数億円以上のレンジでは、購入者層も絞られてくるので、多少の猶予はありますが、資金調達などで時間をかけているうちに他の購入希望者にとっていかれて悔しい思いをすることは日常茶飯事です。

逆に投資家目線に立って考えると、アメリカの中古住宅の高い流動性は、保有物件の出口戦略において非常に有利に働くことになります。

❺ 売主が強く、指値どころか買いあがりが普通

「安く仕入れたい」のは投資家の性ともいえるものです。日本では不動産の販売価格に対して「指値」を入れて安く買おうと試みる投資家は多いです。

しかし、アメリカでは不動産市場が上昇基調がある場所も多く、そのような地域

では「指値」はまったく通用しません。特に人気化しそうな物件だと、提示された金額で買いを入れても、その値段を上回る買いが入ることが珍しくありません。この場合、最終的にはオークションのように一番高値のビッドを入れた買い手が購入することになります。

日本人の感覚では耐用年数切れの中古木造物件に買いが殺到する状況は、想像がつきづらいかもしれませんが、それだけアメリカの不動産市況はホットなのです。「鬼のような指値」など言語道断、ガラパゴス不動産市場の日本だけの現象かもしれません。

また、アメリカにも、公開物件だけでなく、情報のアクセスが制限される未公開物件が存在します。非公開物件の情報提供をブローカーに求めると、「あなたの資産情報を公開するのが先だ」とプルーフ・オブ・ファンズ（ＰＯＦ）「購入資金の証明」の提示を要求されるのは、珍しいことではありません。特にアパートのような商業物件では、ＰＯＦがないと物件の内見すらできないのが現実です。

「自分は買える人ですよ」ということをまずは証明しないと情報すら手に入らな

いのです。それだけ現在の市況において売り主が強気ということです。

なお、ＰＯＦが提示できない場合は、銀行の融資内諾書でも代用できますが、外国人がこれを用意するのはハードルが高いかもしれません。

❻テキサス州の賃貸管理料は賃料の10％

日本では当たり前に思うサービスが、日本以外の国ではなかなか期待できません。日本人が持つ気配りや心遣いは世界に誇れるものだと思います。それは不動産賃貸管理においても同様です。日本の賃貸管理会社は、家賃の３～５％を管理料として支払えば、入金管理や督促、クレーム対応、オーナーレポートの作成や送付まで行ってくれるのですから、非常に素晴らしいサービスです。

一方、アメリカ不動産の管理料は10％が一般的です。日本の収益物件オーナーの感覚からすると「高い」と感じるかもしれません。しかし、テキサスはホームセンターで数万円出せば、拳銃と銃弾を簡単に買える州です。トラブル解決も場合によっては「命がけ」の仕事です。

ただし、日本と同様、管理会社も千差万別ですので、管理料に見合った仕事をしてもらえる管理会社と付き合うことが重要です。

❼アメリカ不動産の価値を決めるのは学区

アメリカのファミリー層は、学校や教育に関するボランティア活動に熱心に取り組んでいます。これは子どもの教育環境を良くするためでもありますが、実は自分たちの自宅の資産価値をあげる効果を期待している面もあります。

アメリカでは小学校から高校に至るまで、すべての公立学校の実力が数字でスコアリングされ、公表されています。親としては当然、わが子を少しでも良い学校に通わせたいと思うので、スコアの高い学校がある学区では、不動産が人気化します。そのため、不動産価格を決定する要素として、学区の良し悪しが大きなインパクトを持つことになります。実際、通り一本を挟んで学区が異なるために、不動産の価値に大きく差が出る場所もあります。

自分のマイホームが人気学区にあるか、不人気学区にあるかは彼らにとって大きな問題です。だからこそ、自分の学区の教育環境の向上に繋がるよう、アメリカのファミリーはボランティア活動に労を惜しまないのです。

しかし、すべての入居者が学区にこだわるかというと、そんなことはありません。たとえば単身者や、子どもが独立した高齢者など、住む場所の基準に学区を挙げない借り手も一定数存在します。そこで、あえてあまり人気のないエリアの割安物件を買って、高収益を実現するという戦略もあります。

❽アメリカでは不動産の名義変更コストが安い

日本では不動産の名義変更をすると不動産取得税や登録免許税といったコストがかかります。そのためコストがネックになり、個人の所有物件を法人に移すといった行為もハードルが高く現実的ではありません。

一方、アメリカでは、不動産の名義変更にあまりコストがかかりません。また、アメリカには不動産販売時における消費税がないので、建物比率が高い物件でも売り主側に消費税を課税されるようなデメリットがありません。これもまた、償却資産の欲しい投資家や富裕層の方々がアメリカ不動産投資を行うメリットのひとつといえます。

補足しておくと、アメリカではエージェントを通して不動産を売却すると、売主が6％の仲介手数料を支払います。日本の手数料の倍なので少々高く感じるかもしれませんが、ご存知の通りアメリカの不動産市場は右肩上がりです。多くの売り主が売却によりキャピタルを得ているため、手数料の売主負担も許容されると言えます。取引によっては、売主が手数料を限定する場合などもあり、とくにオフマーケットの物件では、決済が迫ってから間に入っているエージェント間でのトラブルになるケースもありますので、取引の初期段階で確認しておくことが重要です。

コラム3

不動産を買ってアメリカのＶＩＳＡが取れる？

「アメリカで不動産を買うと、ビザがとれますか？」

という質問をときどき受けます。

しかし、いかにアメリカが移民を広く受け入れているかといっても、簡単にビザが取れるわけではありません。また、トランプ大統領が不法移民に対する厳しい姿勢を示していることも、つとに話題です。

アメリカが求めているのは、「雇用を生み出すような移民」「高度な技術をもっている移民」です。

本当は出張なのに入国する際に、うっかり「友達と会うため」などといってしまい、根掘り葉掘り聞かれた人もいるかもしれません。これは「労働許可がないのに、友達などを頼って働く気なのではないか？」と疑っているわけです。

単純労働に従事する人や、一軒家を買う程度の零細投資家は、移民として必要とされていません。

ビザを取得するためには、芸能人など一芸のある人は別として（なかなかビザが取れない芸人さんも話題ですが、特殊な芸で身を立てる人は雇用を奪いません）ビジネスを実際に創出するか、既存のビジネスを購入するかして取得するE－2ビザが現実的です。

不動産を購入してこのE－2ビザを取ろうとすると、法人を設立して200室、300室を管理するような体制を組めば可能性がでてきますが、投資総額が6億、7億円レベルになります。ローンを引いても2億円程度のキャッシュが必要です。

また、「EB－5」とよばれる雇用を生み出すプロジェクトの持ち分に投資するプログラムもあります。これは特例法が毎年延長されていて、大型プロジェクトのうちの持ち分50万ドルを投資して、そのプロジェクトが成功すればビザが取得できる制度です。あまりにも中国人の申し込みが多いため、今後厳しくなると毎年言われながらも続いています。

問題は、最悪プロジェクトが成功しなければビザが取れず50万ドルもなくなってしまう（！）という点です。

タイミングよく参加できるプロジェクトがあればいいのですが、なければ実現まで年数がかかる可能性がありますし、アメリカ滞在日数にかかわらず、即座にアメリカ居住者として、アメリカで日本を含む全世界での所得の申告を求められるのも難点です。

よりフレキシブルに、よりスピーディーにとるためには、3000万円程度のビジネスに参加して実際に経営にも携わり、E－2ビザを申請するという方法が現実的でしょう。不動産つきのビジネスや、ビジネスそのものなどが、ブローカーによって多数流通しています。

問題は、本当にそのビジネスを自分で運営しなくてはならないという点です。アメリカ移住のためにビジネスを買ったはいいものの、経営がうまくできず赤字に陥ったり、望まない日々の業務に困っている方もいます。

私が関わる飲食店のプロジェクトでも、ビザ取得を目的にした投資家募集をしている場合がありますので、関心のある方はお問合わせください。

第5章

知れば差がつく、現地投資家が駆使する手法とは？

現地投資家の手法を知り、俯瞰の目で購入を判断

あなたがもし、気になるアメリカ不動産投資案件を見つけた時、「この投資案件は、現地の不動産投資家がどの手法で投資した出口なのか?」という視点で分析することは、とても有益です。プロジェクト全体におけるどのフェーズで自分がエントリーするのかを理解したうえで投資する、俯瞰の目を持つということです。

たとえば、宅地造成の初期段階なのか、あるいは綺麗にリフォームされたフリップ後の物件を買うのかで、リスクや得られるリターンも変わってきます。利回りが高いか低いかだけで判断していると、案件を取り巻くコンテクストへの理解が深まらないので、リターンの割に高いリスクを取ってしまい、必ず失敗します。

諸外国においても、いろいろなタイプの不動産投資家が様々な投資手法で利益を上げていて、そこは日本と変わりません。

まず最初に「アメリカ不動産投資には、単に一軒家を買う以外の手法が存在する」という事実を認識することで、あなたの投資戦術にバリエーションが生まれます。

俯瞰で見る視点は、特に所得1000万円、2000万円というステージにいる方にとって重要となります。今後あなたが目にする「アメリカ不動産投資案件」は、この章で紹介するいずれか、あるいは複合的な手法に分類することができます。

もうひとつ、投資のエントリータイミングについても気を配るべきです。開発プロジェクト全体フェーズの最初期に参入して大きなリスクを取れば、結果として大きく儲けることができます。しかし、テナントが入るまで賃料が発生しないリスクを背負うには、資本的な体力はもちろん、恐怖に打ち克つメンタルの強さも必要だと感じています。

反対に、フェーズの最後工程でフリッパー（一軒家を再生して転売する人）から綺麗な物件を買えば、目を見張るリターンは無いかもしれませんが、腕の立つフリッパーの物件を買うことで、トラブル発生などのリスクは大きく減らせます。

どのような投資を選択するにしても、利回りと投資金額〝だけ〟を見て、判断するのは早計です。全体におけるどのフェーズの投資案件なのか、潜むリスクがどのようなものかを認識したうえで、投資する必要があります。

一軒家フリッピング

アメリカでの不動産投資に興味を持った人の多くが最初にイメージするのが、「一軒家を買って貸す、あるいは売る」という非常にシンプルな投資手法です。こうした投資スタイルをFlipping（フリッピング）といい、フリッピングを行う不動産投資家はフリッパーと呼ばれています。

彼らが好むのは、古くて不人気であるが故に、割安に評価されている一軒家です。ボロボロのコンディションの一軒家を買って、ＤＩＹを含んだリモデル工事を行い、実需層に高く売るのです。

アメリカで流通する住宅の8割近くが中古住宅です。成熟した中古流通市場の存在もフリッピングが盛んに行われる土台となっており、新築信仰が根強い日本とは対照的です。

ＤＩＹ文化が根付いているアメリカでは、フリッピングはとてもポピュラーなものです。HOMEDEPOTなどのホームセンターにいけば、水回りから壁材、扉に至るまであらゆる材料が手に入るので、フリッパーは材料を購入して、家のアップグレードを図ります。

こちらのＣＡＴＶには一日中、旦那さんの趣味のＤＩＹと、奥さんの主婦目線のセンスを組み合わせて「１０００万円で買った家を５００万円かけて直して、２０００万円で売り抜けた」というようなフリッピング事例を紹介しているＨＧＴＶという専門チャンネルが存在するくらいで、それだけ多くの人がフリッピングに興味関心があるのです。

では、これだけプレイヤーの多いフリッピング市場で、日本在住の投資家が現地のフリッパーより有利なフリッピングができるかと聞かれたら、現実的には難しい

アメリカの人気ケーブルテレビ「HGTV」

HGはHome and Gardenの略。フリッピング、DIY、インテリア、ガーデニングなど、一日中住宅に関する番組を放送している。

と思います。

なぜならフリッピングは、リモデル工事を自分でやってコストを抑えたり、工事を安く発注することで利益を得るスタイルなので、ある程度物件に通って作業したり、現場管理をすることが大前提となります。

日本人投資家が海の向こうからフリッピングをしようと思ったら、工事はフル外注で丸投げすることになります。発注した工事内容がきちんと行われているか、工事費用が適正であるかどうかといった判断は、日本人投資家にとって非常に難しいものです。現場に行けないというデメリットが、工事のクオリティコントロールを難しいものにしています。

フリッパーの多くが自宅の近所や、土地勘がある場所でフリッピングをしています。あなたのライバルとなるフリッパーはエリアを熟知しているローカルばかりです。アメリカでは通りを一本挟んで、学区が変わっただけで不動産の価値が半値近くまで落ち込むことも珍しくないので、土地勘のなさが致命的な判断ミスに繋がることもあります。

ひところデトロイトの一軒家が５００万円以下で買えると、多くの日本人投資家が飛びついた時期がありました。しかし、その値段で日本人投資家が物件を買えるということは、現地の目ざといフリッパー達が購入を見送った物件を紹介されているという可能性を考えるべきでしょう。彼らが匙を投げるレベルのボロ物件だったり、地域の治安が悪すぎたりといったリスクの存在が、容易に想像できます。

本当に現地のフリッパーと伍していけるのかについて、慎重に検討すべきでしょう。遠隔でのフリッピングに挑戦した日本人投資家が「テナントの要求が多くて、持ち出しが続いている」と嘆く姿を私は知っています。

ひとつの考え方として、フリッピング済の物件をセンスの良い、工事がしっかりしているフリッパーから購入することは、実はリスクを抑えた堅実な投資となります。フリッパーの利益は乗っているかもしれませんが、タックスメリットと合わせて考慮すると、ありうる方法です。

テナント総入れ替えアップグレード

購入後に既存のテナントをすべて退去させて内外装に大きく投資をし、テナントのアップグレードを行う投資手法です。

テキサス州では大家の権限が強いため、購入後にテナントに退去してもらうことは、それほど難しいことではありません。そのため、テナント一斉退去後に一棟物件をフルリフォームして価値をあげることが頻繁に行われています。

工事を行うには多額の投資が必要ですし、退去↓工事↓募集の期間のコストもかかります。しかし、たとえ古い物件でも内外装がしっかり新しく、よい立地にあれば、既存の２倍の賃料を得ることも可能となります。

気を付けなければならないのは、工事費用をたくさん投入するということは、それだけ工事業者が工事費を「抜く」余地が存在するということです。日本では、コストコントロールをシビアにやっていた投資家でも、対象がアメリカの不動産になった途端、相場や適正価格が分からないため、コストコントロールが甘くなるケースは多いです。

ひどい場合になると、５０００万円規模の工事を発注するのに、まともな契約書もなく、単価も明示しないような施工業者もいます。もし彼らにそのまま工事を発注したら、おそくら4000万円程度のクオリティの工事を行ない、1000万円は自分たちのポケットに入れてしまうことでしょう。

テナントアップグレードを成功させるには、いうまでもなくよい工事業者と組むことが不可欠です。

この手法に向いているのは「評価の高い地域に建つ、ボロい物件」です。評価の低い地域のボロい物件を買って内外装にいくらお金を注ぎ込んでも、家賃は思ったように伸びません。わずか1ブロック違うだけで、住んでいる人の雰囲気や地価が驚くほど違うということがアメリカでは当たり前ですので、物件選定にあたってはその物件の地域特性をよく調べることが必須となります。

また、中には企画の早い段階で、見込み予定の賃料上昇部分を、さも確定しているかのように宣伝する不動産投資プロジェクトが散見されますが、見込み賃料が本当に実現できるのかを、投資家は十分吟味する必要があります。

一軒家のフリッピングと比較すると、規模も難易度も数段上がるのがテナントアップグレードです。それだけに、テナントアップグレード専門業者から、運営が安定状態に入った物件を売ってもらうという選択も、「時間と手間を買う」という観点から考えれば悪くないでしょう。

オーガニックな賃料アップ

アメリカで賃貸経営をしていて妙味を感じているのが、契約更新ごとに、賃料を上げるチャンスが多いことです。たとえば600ドルで貸していた部屋を、更新を機に625ドルに値上げするといった交渉をオーナー（管理会社）が入居者とするのです。

人口が増え続け、不動産価格が上昇し続けているからこそ、値上げ交渉の余地が生まれます。もちろん、相場に合わせて値上げしていく交渉作業は、それなりに骨が折れるものです。とくに高齢のオーナーや遠隔地で賃貸経営に手が回っていないオーナーが所有する物件では、以前の契約家賃のままで値上げをせず放置しているケースも見られます。

そこで、購入後徐々に相場賃料へと是正し、以後も適正な値上げを行うことで収益力を高める投資手法です。あくまで自然に、相場に沿って賃料が上昇するのが理想となります。

投資用物件は、ネットの収入に対して利回りで割り戻した金額が売買の基準となりますので、例えば700万円のキャッシュフローを1000万円に改善することで1億円の物件の価値が1億4300万円になるということです。これをじっくり5年ほどかけてやっていきます。

この手法の優れている点は、大きな追加投資を必要としないところです。リモデルによるバリューアップを図らずに、家賃を自然に上げていきます。場所選びさえ間違えなければ、人口が増え、賃貸需要が増えているエリアに物件を持てば、収益を伸ばすことが出来るのです。

ただし、賃料相場と離れているからと言って、一気に露骨な値上げをすれば、テナントを失うことにつながります。恨みに思った元入居者から市などにクレームを入れられてしまうこともあります。慎重に、『北風と太陽』の太陽のような態度が必要です。

世の中の美味い投資話に釣られて2倍、3倍のリターンを狙うよりも、よほど堅実な投資だと私は感じています。

コンドコンバージョン

次に紹介するのが「コンドコンバージョン」です。コンドコンバージョンとは、一棟丸ごと購入した物件を、コンドミニアム（区分所有）に変更して売却することを意味します。コンドコンバージョンでは、特に実需の高い地域や、地価高騰が著しいエリアで有効な戦略となります。

具体的には二戸一のデュプレックスや、四戸一のフォープレックス、またはアパートを1棟丸ごと購入して、各戸に分けて分譲販売することになります。

たとえば1億円するデュプレックスを購入して、二戸に分譲すると、人気地域であれば6000万円、6000万円でそれぞれの買い手が見つかるので、2000万円の売却益が得られるのです。分けるだけでトータルの価値が上がるのが、人気エリアならではの現象です。

コンドコンバージョンを成功させるためのキーパーソンが弁護士となります。各州によって異なるさまざまな規制を、クリアにしていくのが弁護士の役割です。州が変われば国が違うかのようにルールが変わるのがアメリカなので、地域の規制に精通した弁護士をいかにしてパートナーに迎え入れるかが重要となります。

コンドコンバージョンのデメリットは、とにかく時間がかかる点です。コンバージョンを実行するための名義変更手続きというのが非常に煩雑で、通常1〜2年の時間が必要となります。

コンバージョン後は、管理組合を設立して適切に運営する義務が発生します。そのため、目先の売却益だけでなく、分譲後の管理コストや運営体制まで考慮して、コンドコンバージョンを実行する必要があります。

注意点としては、コンドコンバージョン後の管理組合の運営が将来の収益物件運営の肝となりますので、利回りをよく見せるために管理組合費（ＨＯＡ）が安く設定された案件などは、内容の吟味が必要です。

ランドバンキング投資法

広大な国土を持つアメリカでは、新規の住宅供給が盛んに行われています。こうした開発プロジェクトに出資する投資案件のひとつに「ランドバンキング」というものがあります。

開発プロジェクトは初期、中期、分譲の3つのフェーズに別れていて、土地の造成、区画整理、建築、分譲などの名目で投資家からの出資を募っています。そのなかで最初期にあたる、土地の造成に投資するのがランドバンキングとなります。

ランドバンキングの名が表す通り「土地にお金を預金して、あとで引き出す」イメージです。ランドバンキングは小口化されて販売されるので、1口数百万円程度あれば参加できる案件も多いのが特徴です。

ランドバンキング投資で注意すべき点として、多くのプロジェクトが、日本で言うところの、「開発調整地域」に投資している点です。「いずれ開発許可が降りる」

のを見込んで先回りして投資をしているのです。

目論見通り開発許可が降りれば、一気に開発が進み、投資家は利益を手にしてイグジットすることが出来ます。しかし、ランドバンキングのなかには、本当にこの土地に将来性があるのか怪しい、それこそ二束三文の原野にお金を投じているものも存在します。そういった悪質なプロジェクトにジョインすると、大切な資金を長期間眠らせるだけでなく、最悪、出資金が戻ってこないことになります。

過去には、バブル期に日本で流行った「原野商法」と変わらないような悪質なランドバンキング業者が破綻したケースもあったので、ランドバンキングは玉石混交、リスクが高い投資と心得るべきです。

このように、一般にイメージされやすい「フリッピング」に限らず、様々な不動産投資手法が存在し、それぞれの戦略に専門特化することで生計を立てるプロが多数いるということに、お気づきいただけたかと思います。

ぜひ本書をきっかけにアメリカ不動産投資の世界、その醍醐味を少しでも感じ取っていただければと思います。

他にも、エッジのきいた投資手法が存在しますので、参考までにご紹介します。

エッジの効いた投資手法

〈セクション8〉

セクション８（エイト）とは日本で言う「生活保護」にあたる助成金を得ることを指します。日本の不動産投資家が築古のアパートやマンションを生活保護可にして、利回りを上げたり、運営を安定させたりしているのと同様に、アメリカでもセクション８に特化した投資家や事業者が存在します。

日本の生活保護とアメリカのセクション８の大きな違いは、賃料水準にあります。日本の生活保護世帯の賃料は、単身で月額４万円代が上限といったところですが、アメリカのセクション８は、家賃６００ドル～８００ドルくらいで、家族構成によっては家賃１０００ドルの物件に住んでいる人もいます。

セクション8にはもちろん支給の条件がありますが、家賃の8割が公的な機関から直接オーナーあるいは管理会社に賃料が振り込まれます。働けない、小さなお子さんがいるといった事情があると、家賃全額が公的な機関から振り込まれます。

私の所有物件にも、セクション8の方が入居している部屋があります。中途半端に属性に問題のある入居者を入れて滞納リスクを抱えるより、セクション8の入居者を入れることで、滞納リスクをヘッジしつつ相場以上の賃料を得ています。

また、一番メジャーな自治体による家賃補助のほかに、病気にかかっているテナント向け、退役軍人向けなどさまざまな種類の助成があり、それぞれに手続きが違ったり、実際の振り込みが開始するまで何か月もかかったりするのが難点です。事務的な煩雑さは、高利回りを得る代償として覚悟する必要があります。

この手法を実行するには、コミュニケーションに長けた管理会社と組むか、あるいは自主管理でしっかり管理するかが必要となります。通常の入居者と比べてトラブルの発生頻度が高まる面はあるものの、高利回りの運営が可能となります。

〈不動産担保債権投資〉

個人事業主などが資金調達しようとした場合、銀行から借りるなどスタンダードな方法もありますが、担保余力のある自宅を抵当に差し出して、事業資金を借り入れることがあります。このようなケースで自宅などの不動産を担保にとってお金を貸している人から、債権＝金銭消費貸借契約を買い取って、金利収入を得るのがこの投資手法です。

最終返済前の期間が3年〜5年程度のものがバランスが良いですが、半年程度で前倒しで元本返済されて、案件自体が終了してしまうこともあります。しかし我々の感覚からすると、高金利と思える10％を超える金利でも借りたい層は広く存在しますので、その時は次の案件に移ります。

一部の不動産担保債権は、より高い利回りを狙った「劣後債」となります。たとえば銀行が一番手として8％の金利で１０００万円を融資し、二番手として我々投資家が12％の金利で５００万円を融資しているような状況です。もちろんその際は、担保不動産の価値を精査して、たとえば「２５００万円の不動産に対して、劣後はしているけれども合計１５００万円なので十分保全できている」と考えるわけです。
しっかりとした債務者管理のノウハウがあれば、年利10％の金利収入も実現可能です。不動産賃貸でネット10％の利回りは、相当ハードルが高いですので、非常に魅力的だと言えます。

この投資における最大のリスクは、債務者がデフォルトすることです。しかしながら仮に債務者がデフォルトしても、抵当権を実行することによってむしろ有利な仕入案件にすることができます。

優秀な弁護士が動いてくれる体制も必要ですし時間と手間はかかりますが、売却する能力があれば、最悪のケースでも利益を上げられるところがミソです。

もちろん、債権購入時点で売却可能性の高い不動産を担保にしているかどうか、担保余力が充分かの目利きができてこそではありますが。

なお、不動産担保債権投資は、現物不動産を保有するわけではないので、減価償却をとるといったタックスメリットはありません。

〈テレマーケティングによるディールメイク〉

アメリカで生活していると、しばしば知らない番号からの着信があります。電話に出ると、訛りの強い英語で保険や健康食品のセールスがはじまります。これはテレマーケティング会社が、保険や健康食品のセールスを請け負っているのです。最近では、本物とかわらないような完成度で自動音声化されたものもあるので、忙しい人にははなはだ迷惑な話ですが、確率論でビジネスになる可能性があるからこそ、このような手法が使われているのです。

テレマーケティングの活用はセールスだけにとどまりません。不動産の仕入れにテレマを活用している不動産業者も存在します。

アメリカでは物件情報の共有が日本以上に図られています。フェアに情報が公開されるということは、裏を返せば美味しい物件情報が少ないということです。そこで独自の仕入れ情報を得るために、オフショアのコールセンターを使って、徹底的に電話して売却希望者を見つけているのです。

フィリピンは、英語圏でかつ人件費が安いので、アメリカ向けのコールセンター事業が盛んになってきています。トークスクリプト（台本）を練って、リストを送って、フィリピンから電話をすることで、アメリカ国内の４分の１のコストで売り主情報を探しています。

簡単には発掘できませんが、なかにはたまたま売り急いでいたり、高齢で相場がわからないが相談できる人がいなかったり、まさに離婚話の最中だったり…という売りニーズにヒットすることがあります。離婚率の高いアメリカでは、離婚に不動産売却はつきものです。

独占的に売りニーズを把握して案件にできれば、買い手を見つけるのはたやすいので、仕入れに特化した手法です。〝物上げ〟の重要性は日本もアメリカも変わらないということです。

コラム4

自宅も投資目線で――私の場合

ロバート・キヨサキ氏は「持ち家は負債」として、キャッシュフローを生まない自宅を所有することを推奨しませんでしたが、私の考えはちょっと違います。

事務所や事業用物件ならば、もちろん賃貸で上手に借りて使うことも有効な手段ですが、自宅を自分好みのデザインや改装をすることで得られる満足感は捨てがたいものです。最近でこそ改装自由な賃貸物件もありますが、それでもいつかは所有者に返さなくてはならないので、思ったように改装するのも難しい話です。

自分好みの自宅を得るにしても、どのような物件にするかを「投資目線」で選ぶことで、資産形成してしまおうというのが私の考えです。とくに日本の住宅ローンはほぼゼロといってもいいような極端な低金利ですので、借りない手はありません。

私の東京の家は、東京の公立小学校の中でも私立レベルの教育が受けれられるという有名小学校の学区である（つまりその学区に住んでいれば「お受験」しないでよい）という理由で、なかなか空き物件情報がほぼ出回らない、あってもプレミアムが付いた値段で取引されているエリアにあります。学区が変わらない限り、少なくとも土地価格は下がりにくく、実際、私の取得時よりも最近の取引価格は上昇しています。まさにアメリカと同様ですね。築30年の木造物件で、普通の方はちょっと躊躇するくらいのコンディションでしたので「土地値」で取得しました。床を全部はがしてオールフローリングにしたり、壁をおおきく抜いてリビングを20畳超にしたり、駐車場の上に大きなベランダを付け加えたりやりたい放題に改装しています。ベランダでのバーベキューはご近所迷惑ということで、残念ながら2度ほどしかできませんでしたが。

カリフォルニアの家は、東京と同様、公立学校の学区が小中高が最高レベルで、何世代にも渡って住んでいる地元の方々もいると同時に、電車も使えて利便性が高いため、海外からの移住者も入ってくる地域です。1970年代の築ですが、購入時から相場価格は年々値上がりしています。Amazonに買収されたことでもニュースになっている高級スーパー、ホールフーズが出店したり、商業施設もさらに開発され、ごく近隣でも毎年5％は上がっているような状態です。中国本土からの逃避マネーが入ってバブル化している地域ではなく、実需と本来の場所の魅力の向上に伴って価値が上がり続けているので、今後がますます楽しみです。

私のヒューストンの家は、ダウンタウンからほどちかく、博物館や動物園などがあるエリアに位置する高級コンドミニアムで、リゾートのようなプール、巨大なスポーツジム、ゴージャスなパーティールームや会議室が使える仕様で、新築分譲時はかなりバブリーなセールスがされていて、アジア系やヨーロッパ系の投資家が好んで購入したものです。時代を先

カリフォルニア自宅

読み過ぎて、ファシリティにお金をかけすぎて部屋の面積に対して価格が割高なため、思ったように人気が出ずに3年ほどして割安な値段で再販されているものを底値で取得しました。

ヒューストン自宅共用部

テキサス的なライフスタイルでは、たとえば3000万円出すならちょっと利便性は悪くても広い家に住もうというのがまだまだ主流ですが、長い目では、アーバンライフ化、利便性重視になってこのような物件の価値が認識されていくと見込んでいます。

アーバンライフと言えば、実はタイ・バンコクも、6年ほど前に拠点を構える際、BTSという高架鉄道近くのコンドミニアムの購入を検討したことがありますが、ここだけは賃借しました。仮に貸した場合の利回りベースで考えると、グロスで3％程度とまさにバブル状態を感じました。RCであっても鉄骨も細く、一見デザインはよく見えても、建築技術自体に不安が大きく、また次から次に競合の新築コンドミニアムができるので、長期保有のリスクは高いと判断しました。

以上自宅も投資目線で判断すると面白いという事例でしたが、学区がいい地区に住むというのは、子供に対する投資という最も長い時間をかけた投資でもありますね。

ヒューストン自宅共用部

第6章

アメリカ不動産投資の基礎知識

日本とアメリカ、国は違っても不動産投資に関わるベーシックな部分というのは同じです。不動産を購入して賃貸して管理し、家賃を得て利益から納税する。売却した場合にキャピタルゲインがあれば、そこからまた納税する…このように非常にシンプルなビジネスモデルなので、そこには大差がないというのが私の認識です。

ただし、国が違えば当然言葉も違いますし、細かい部分での法律や税務、売買に関わる手続きなども変わってきます。取引相手や管理会社などと円滑にやり取りするためにも、投資家本人も最低限の語学力や、アメリカ不動産投資に対する知識を持っておく必要があります。

本章では、アメリカ不動産投資を行う際に最低限必要な基礎知識をご紹介していきます。ぜひご参照ください。

物件探し（検索サイト）

ここでは、アメリカ不動産のメジャーな情報サイトである「ＭＬＳ」とその他の検索サイトについて紹介します。

▼MLS

ＭＬＳとは、マルチプル・リスティング・サービス（Multiple Listing Service）の略で、全米の不動産業者のほとんどが加入している業者向け不動産情報サイトです。ＭＬＳでは不動産業者が預かった物件情報が日々更新されており、日本におけるレインズのような存在です。業者専用で一般の方が閲覧できないのも同様です。

ＭＬＳの物件情報は、業者の自社サイトでも広く公開しているので、日本のような「囲い込み」とは無縁の、透明性の高い市場が保たれています。ＭＬＳで不動産情報を取り扱うには、その州の不動産業者としてライセンスを取得し、不動産協会に所属している必要があります。ライセンスを持つエージェントやブローカーが更新をすることで情報の正確性が担保されています。

なお、アメリカの不動産業者のライセンスは州ごとになっており、テキサス州の不動産業者は、新たにライセンスを取得しないと他の州の不動産を取り扱うことができません。逆も同じで、カリフォルニア州の不動産業者はテキサス州の不動産を扱うことが基本的に出来ません。

▼Zillow（ジロウ）　http://www.zillow.com/

米国内では数多くの不動産情報サイトが運営されています。中でも「Zillow」は全米最大級の物件情報サイトで、日本で言うと、ホームズやアットホームに相当します。

物件の所在地域の価格推移や過去の売買履歴も検索できる上、自宅の住所を入力すると、その時点の売却想定額を知ることができる自動査定ツールも提供されています。物件ごとの学区に関する情報も豊富で、物件所在地の小学校、中学校、高校が、それぞれスコアリングで評価されており、エリアのおよその教育水準を簡単に知ることができます。このあたりは「学区で家を買う」と言われるアメリカの家探し事情を色濃く反映した機能です。

また、アメリカ国内では、各州が不動産価格の公開を不動産業者に義務付けていますが、Zillowでは各社の情報に加え、「ゼスティメイト」と呼ばれるZillow独自のプライシングも提示しています。

なお、Zillowは一般向けの不動産情報サイトであり、主たるユーザーは自分の家探しをしている実需層。投資用不動産物件の検索には向いていません。

投資用不動産を検索サイトとしては、次にご紹介するHAR.comとループネットをお勧めします。

▼HAR.com　http://www.har.com

アメリカでは、地域ごとに物件情報サイトがあります。HAR.comは、ヒューストンの不動産業者協会が運営する、ヒューストンの物件に特化したリスティングサイトです。

一般住宅以外にも、一棟アパートやコンドミニアムなど様々なタイプの物件情報が掲載されている点が、Zillowとの大きな違いといえます。

▼ループネット　http://www.loopnet.com

一棟物件や商業物件といった、収益物件情報を専門に取り扱う不動産情報サイトになります。日本で言うなら、「楽待」や「健美家」に相当するサイトです。ループネットでは不動産業者だけでなく、売り主が直接リスティングすることが可能となっています。売り主が掲載する物件情報は、精度の点では業者が掲載する物件には及ばないものの、不確かな情報だからこそ、思わぬ収益チャンスが眠っている、ということもたまにあります。

しかし残念ながら、ループネットはアクセス制限がかけられており、日本のＩＰアドレスからは、直接サイトを閲覧することはできません。アメリカに行った際に閲覧するか、または、「ＶＰＮ」などを使用してアメリカのＩＰアドレスを取得する必要があります。

これらのサイトを利用すれば、日本にいながらにしてタイムラグなくアメリカの不動産物件を検索し、データを入手することが可能です。地域情報も詳細に掲載されていますので、相場観や土地勘を養ったうえで、予算や目的に応じてエージェントに相談をすることになります。

不動産業者について

日本では「宅地建物取引業法」により、国土交通大臣または都道府県知事の免許を受けた者が宅建業を行っており、宅建業を営むには「宅地建物取引士」の資格者を一定数確保する必要があります。アメリカでは不動産業に従事する全ての人が資格を持っています。その資格は次の2種類に分類されます。

▼リアルター（セールスエージェント）

リアルターとは不動産の仲介や販売ができるセールスエージェントのライセンスを保有している資格者のことです。資格条件として18歳以上のアメリカ市民か永住権を持つ外国人で、合計１８０時間の不動産関係教育プログラムの修了が義務付けられています。

セールエージェントの資格を持つ人は、次に紹介する「ブローカー」の資格を持つ個人、法人の下で活動を行います。

▼ブローカー

ブローカーは、過去５年間のうち４年以上、リアルターとして業務経験を持ち、合計２７０時間の不動産関係教育プログラムの修了が義務付けられています。ブローカーの資格を持つと独立して営業し、不動産会社を設立することが可能となります。このほか、ライセンスとは別に地域の不動産協会に所属しているかどうか、という区分もあります。

資格取得後は様々な研修、教育の場があり、そのエージェントが、これまでどのような研修を修了しているかも公開されています。これはプロ同士がはじめて取引する際に、相手が勉強熱心で誠実な相手かどうかを探るための、参考情報にもなっています。

仲介の仕組み

アメリカの不動産取引は、ほぼ「片手」取引にて行われるのが慣例です。ここで「片手」と「両手」をご存じない方のために解説すると、片手とは、売り手と買い手、双方に違う不動産会社がついて行われる不動産取引です。両手とは、売り手と買い手の間を同じ1社の不動産会社が仲介して行われる不動産取引です。

当然、両手取引をしたほうが売り手と買い手双方から手数料を得られるため、日本の不動産業者は両手取引を非常に好みます。

では、なぜアメリカでは片手取引が主流なのか。その理由として、なるべく安く買いたい買い手と、なるべく高く売りたい売り手は、利益相反の関係にあるということがあげられます。両手仲介では、どちらかのクライアントに損害を与える可能性があるため、起訴大国アメリカではリスクの高い商行為と見なされるのです。

アメリカでも両手取引は存在しますが、その場合は、売り手と買い手の双方に「両手取引である」ことをディスクロージャーで明示し、双方からサインをもらう必要があります。

不動産購入時の決済方法

アメリカで不動産投資を行うメリットのひとつに、取引の安全性の高さがあります。では、その安全性が何によって担保されているかというと、決済時に「エスクロー」を介在させるシステムによるところが大きいといえます。

▼エスクロー

エスクローとは第三者預託のことで、売り手と買い手の間に立って、中立の第三者として安全な取引を成立させる機関のことです。日本でいえば、お金や契約書も扱う司法書士さんのような存在です。

エスクロー会社を通じて不動産売買を行うと、買い手側は売り手側に送金される前に物件の内容調査ができ、タイトル保険会社によって所有権が保障されます。一方、売り手側も権利移転の手続きと引き替えに入金が保全されますので、双方にとって安全性の高い取引となります。

▼タイトル保険

もうひとつ、タイトルカンパニーが提供する「タイトル保険」も不動産取引を安全に行うための制度です。ここで言う「タイトル」は日本語の「所有権」を意味します。

アメリカには日本の登記簿にあたる書類がないため、買主はエスクローがオープンしたタイミングでタイトルレポートを取得します。タイトルレポートとは、不動産の権利関係（物件の所有者、権利形態、担保提供の有無、固定資産税評価額、固定資産納税額、固定資産税やＨＯＡの未払いの有無等）の調査結果が記載されているもので、タイトルカンパニーが作成します。

もし物件購入後に、レポートに不備や誤情報が判明して、それにより買い手の所有権が侵害される場合、タイトルカンパニーが補償します。これを「タイトル保険」といいます。

タイトル保険への加入は任意扱いとなりますが、実際には、金融機関が融資の条件としてタイトル保険の加入を指定することがほとんどです。

▼エスクローと決済までの流れ

①売主・買主の基本合意に基づき、売買契約書を交わし、エスクローがオープンします。

②買主がエスクローへ送金します。

③投資用不動産の場合、ローカル金融機関での借り入れはまだハードルが高いのが現状です。日本サイドでのレンダーを利用する場合、クロージングまでに金銭消費

賃借契約を締結の上、抵当権設定手続きをエスクローを通じて行います。

④買主がインスペクション会社に依頼し、詳細に物件調査を行う事が一般的です。

⑤管理会社を事前に決定し、管理契約を締結します。鍵は、購入者ではなく管理会社が引き継ぎます。

⑥登記完了後、重要事項をつづったクロージングドキュメントを受領します。エスクローアカウント内で、固定資産税の精算、火災保険の加入、日割り賃料の精算を行い、最後に残金が返却されます。

実際には、取引前に買い手がインスペクションを入れたり、インスペクションのレポートをもとに価格交渉を行ったり、アプレイザル（鑑定）を入れたりといった事も行われます。

エスクローと決済方法

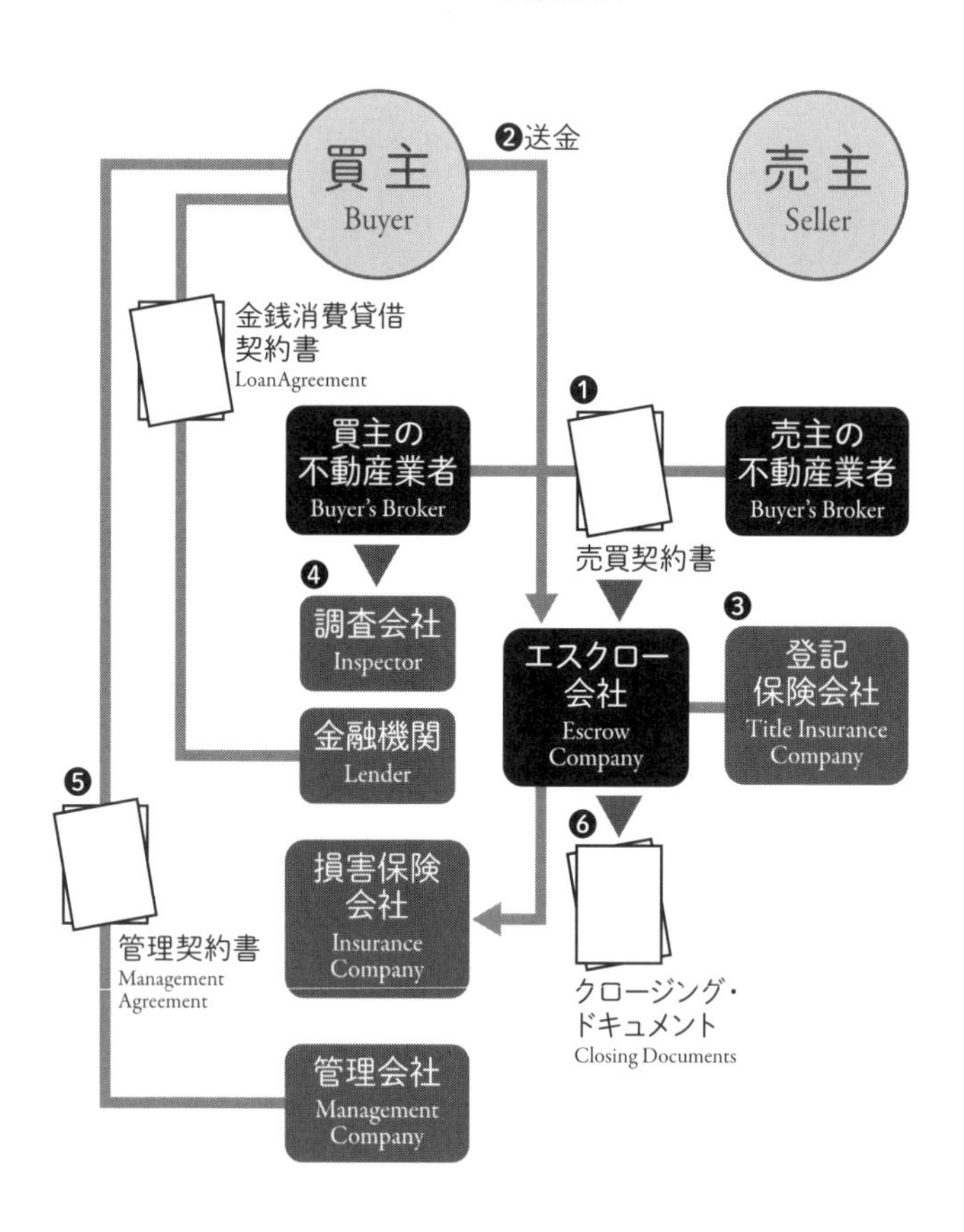

❷送金
買主
Buyer
売主
Seller
金銭消費貸借
契約書
LoanAgreement
❶
買主の
不動産業者
Buyer's Broker
売主の
不動産業者
Buyer's Broker
売買契約書
❹
調査会社
Inspector
❸
エスクロー
会社
Escrow
Company
登記
保険会社
Title Insurance
Company
金融機関
Lender
❺
❻
損害保険
会社
Insurance
Company
管理契約書
Management
Agreement
クロージング・
ドキュメント
Closing Documents
管理会社
Management
Company

エスクローを介さずに不動産取引を行うことも可能ですが、詐欺のリスクを考えるとお勧めできません。エスクローへの報酬は物件にもよりますが日本円で20万円程度が相場です。

アメリカの不動産評価システム

アメリカ不動産では、ＣＭＡ（Comparative Market Analysis）、ＢＰＯ（Broker's Price Opinion）、アプレイザル（不動産評価鑑定書）といった、主要な不動産評価資料が存在します。これらの書類は銀行が融資を出す際に提出を求められることになります。

▼ＣＭＡ

ＣＭＡとは、対象物件の周辺にある類似物件をまとめた資料です。不動産情報サイトＭＬＳに載っている物件情報を集めて業者がＣＭＡを作成しています。ＣＭＡ

を参照することで周辺の不動産相場の把握に役立ちます。

▼BPO

ＢＰＯは「仲介業者の価格に関する意見書」といったところで、外観に関する評価、あるいは、外観と内観両方に関する評価を業者がまとめたものです。ＣＭＡが無料で作成してもらえるのに対して、ＢＰＯは、作成にあたり現地を調査するため、実費相当の金額を支払う必要があります。

▼アプレイザル

アプレイザルは、ＣＭＡやＢＰＯのような業者が作成する書類と異なり、有資格者である不動産鑑定士が作成する書類です。内容も非常に詳細にまとめられています。そのため最低でも数万円の作成コストがかかり、完成までに時間も要します。銀行からローンを借りるのに必須となる書類のひとつです。

▼インスペクション

第三者検査員であるインスペクターに依頼して、住宅診断を実施してもらいます。インスペクターは、建物の欠陥の有無、劣化状況、メンテナンスの必要性を診断し、インスペクション・レポートとしてまとめます。インスペクション・レポートは銀行がローンを発行するにあたり、問題の有無の確認に利用されます。レポートは依頼者に帰属するものなので、家を買うバイヤーのみならず、家を売るセラーがインスペクターを利用するケースもあります。

銀行口座の作り方

アメリカで不動産投資を行う際には、アメリカの銀行に口座を開設する必要があります。決済時にエスクローとお金のやりとりが始まるまでには、なにかしらのアメリカの口座を持っておきましょう。決済後は、その口座で賃貸物件の賃料を受け取ることになります。

アメリカで個人が銀行口座を開設するには、アメリカの社会保障番号である「SSN」が必要となります。しかし、アメリカ非居住者である日本人の場合はSSNを所有していないため街の銀行で簡単に口座開設とは行きません。そこで次の銀行での口座開設をお勧めしています。

▼ユニオンバンク

西海岸に多くの支店を持つ銀行で、日本の三菱東京UFJ銀行が100%出資する子会社です。そのため、日本の三菱東京UFJ銀行を経由して口座開設することが可能です。

▼HSBC

グローバルに展開している銀行で、香港などで口座開設することができます。数年前、日本の投資家を対象に香港HSBCへの口座開設ツアーが行われていたのも記憶に新しいところです。

シティバンクも日本から撤退してしまいましたが、同様に支店数が多く使い勝手のよい銀行といえます。

▼バンクオブハワイ

日本人にとって身近な観光地であるハワイで口座を開設するという方法もあります。アメリカ本土と比べて日本からの距離も近く、日系人も多いので、ハワイの銀行であれば日本語対応可能なスタッフに会える可能性も高いです。

▼法人口座

アメリカで法人名義の口座を持つことも可能です。その場合、先立って日本法人をテキサス州で支店登記する必要があります。支店登記に必要な事務手続きはアメリカの弁護士事務所に依頼することができます。

ほかには少しハードルが高いですが、米国現地法人を新設して口座開設する方法もあります。ここではやり方の詳細は割愛しますが、気になる方はお問い合わせください。

不動産ローン

アメリカに住んでいない非居住者が、アメリカの銀行から融資を受けて不動産を買うことが可能なのか?という問題ですが、これは個人の属性や資産背景にもよります。

一般的には、米国非居住者でこれから投資を始める方の場合、アメリカの銀行から融資を受けるのはかなりハードルが高くなります。そのため日本の金融機関から融資を受けて、アメリカ不動産投資の第一歩を踏み出す方がほとんどです。銀行だけではなく政府系の日本政策金融公庫なども選択肢のひとつです。

今は幸いなことに、テキサスの不動産が割安な水準にあり、まだまだ手ごろな一軒家やコンドミニアムが市場に出てくる状況です。常々私はチャンスというものは限られていると思っているので、今利用できる融資を使って最初の物件を買い、米国での投資実績を積んでからアメリカ国内での融資の道を探るというのが、現実的な選択だと考えています。

なお、アメリカの銀行は、日本人不動産投資家が好むフルローンや、オーバーローンには対応していません。３割〜５割は自己資金を求められますので、まずは手元資金をためる必要があります。

▼POF（残高証明）

アメリカ不動産を購入ために現地の金融機関から借入する場合、自己資金の額を証明したうえで、事業計画を作成し、金融機関へローンの申込をすることになります。金融機関から仮承認されると、Pre-Approval Letterを発行してくれます。

このPre-Approval Letterが準備できていると、買主の購買力を証明できるので、売主への信頼が高まり交渉のカードとして使えます。

なお、物件を現金で買えるだけの自己資金がある方なら、ＰＯＦ（Proof Of

Fundの略。残高証明のこと）を見せることで、購買力の証明となります。あるいは、それだけ資金力のある方の協力を得て、その人のＰＯＦと名前で、買い付けのオファーを入れて、別の投資家に転売するといった行為も行われています。

アメリカの不動産は売り手市場で売買のスピードが速いため、すぐにローンの打診や買い付けが出せるよう、資料を揃えておくとよいでしょう。

▼送金・入金・為替に関わるコスト

日本の銀行からアメリカの銀行に送金する際には、様々なコストがかかります。

・送金手数料・・・１回あたり７０００円〜１万円
・為替両替手数料・・・１ドルあたり２円程度
・着金手数料・・１回あたり10ドル〜20ドル程度（アメリカ側の銀行）

このように日米の銀行を通じての両替と送金は手数料コストが非常に高いため、現地銀行に口座を開いてある程度の金額をプールしておき、小口の支払いなどはその中で完結させる方がよいでしょう。

為替両替の手数料を節約する裏技的な方法として、ＦＸ（外国為替証拠金取引）の口座を開設して外貨で出金するという方法もあります。これはどのＦＸ会社でもＯＫというわけではなく、外貨での出金に対応している会社に限られます。具体的にはマネーパートナーズや、ＹＪＦＸが対応しています。

やり方としては、ＦＸ口座に日本円を入金後、円を売ってドルのポジションを持ちます。次に為替両替したドルの出金を申し込み、あらかじめ用意しておいた日本の銀行の外貨建て口座へ出金します。あとはドル建てのまま日本の銀行からアメリカの銀行に国際送金すれば完了です。手間こそかかりますが、こうすることで、為替の両替手数料を１ドルあたり０・００１円～０・０１円まで節約する事が可能です。

購入時のコスト

アメリカで不動産を購入する場合のコストについてご説明します。

不動産購入時には、エスクロー会社に支払う費用と、ローンの手数料、日割りの固定資産税や管理費（コンドミニアムやアパートの場合）がかかります。

日本と大きく違うのは、印紙税や不動産免許税、消費税がかからず、さらには、買い手には仲介手数料もかからない（売主が負担）という点です。

管理会社の選び方

日本から海を越えて賃貸不動産を遠隔管理するには、信頼できる管理会社の選定が絶対条件です。管理会社の実力次第で、保有期間を通じて発生するトラブルや修繕コスト、家賃、賃貸運営の収支、ひいては売

日本・テキサス　不動産購入時コスト比較

仲介手数料	購入代金の3%+6万円	買主はなし(売主負担)
印紙税	売買契約書、ローン契約書に貼付必要	なし
不動産取得税	不動産購入時にかかる(都道府県税)	なし
消費税	建物分にかかる	なし
登録免許税	登録時に必要	エスクロー費用に含む
エスクロー費用	なし	購入代金の1%程度
ローン関係費用	手数料、保証料など必要	ローン審査手数料など
固定資産税	日割りで精算	日割りで精算

却時の価格までが大きく変わってきます。管理会社を選定するポイントは大きく分けて3つです。

①実績・評判

アメリカでは不動産の管理状況が資産価値維持に直結するため、建物の外観のみならず芝生やプールの管理状況にまで非常に気を配りますし、美観を損ねている物件には地域の目も厳しくなります。物件の外観や周囲の状況を見て荒れているようなら、その物件の管理状況は非常に悪いと判断できます。

また、実際に管理を任せている人の口コミも重要な判断基準になります。

②コミュニケーション能力

担当者のコミュニケーション能力も重要です。日米の違いを理解し、オーナーと借主、現地の業者への橋渡し役としてスムーズなコミュニケーションがとれる相手かどうか、メールや電話へのレスポンスの速さと正確さはどうか、何かあった時の報告は迅速か、管理状況の説明に納得できるか、報告書のクオリティはどうか。これらの点に注目して判断してみてください。

また、物件によって入居者の属性や人種も変わりますので、それに合わせたコミュニケーションスタイルがとれる柔軟性も求められます。

③管理のノウハウとスキル

管理会社として、トラブルに対して迅速に対応できるノウハウとスキルを持っているか、現地の法律や市場を反映した適切なサービスを提供してくれるか、地元の優良な工事業者や弁護士などにパイプを持って有能なチーム体制がとれているか、という点も重要です。社歴の長さや、社員が地元の人間かどうかもひとつの判断基準になります。

不動産の売却

▼アメリカでの不動産売却の流れ

アメリカでの不動産売却の流れを簡単にご紹介します。

不動産の売却を決定したら、エージェントに売却依頼を出し、ＭＬＳに物件情報を掲載します。

←

購入希望者から買いのオファーが来たら、希望購入価格、条件等を吟味して、そのオファーに合意するか、断るか、またはカウンターオファー（価格などの条件を交渉する）を出すかを決めます。

←

オファーに合意して売買契約が成立すると、エスクローをオープンさせて、不動産取引の手続きが始まります。

←

公証人の立会いのもと、Grant Deed（名義譲渡書）にサインをして、物件の名義を変更し、エスクローをクローズさせます。

日本国内で行う場合は、大使館や領事館などで、公証担当官の面前でサインすることになります。この後、買い手は鍵を受け取り、売り手は諸経費を差し引いた売却代金が銀行口座に入金されて、取引完了となります。

▼高く売るための工夫

アメリカの不動産マーケットは、1年を通して強い住宅需要がありますが、子どもがいるファミリー層がターゲットの一軒家の場合、新学期を迎える9月に引っ越し完了させたいという事情から、人気学区では春頃から買い手の需要が徐々に増えていく傾向があります。

また、高値売却に有効な手法として、オープンハウスを開催したり、より魅力的に見せるためにインテリア装飾を行う、ステージングも広く行われています。

売却時にかかるコスト

アメリカでは、不動産を買うときよりも、売るときの方が税金や諸経費がかかります。

譲渡税（後述）以外では、仲介手数料（取得価格の６％）は全額売主の負担であり、所有権を保証するタイトル保険も売主が保険料を負担するケースが多いようです。また、シロアリの検査・駆除費用や売却後１年分の住宅保証保険料など、日本では見られない費用も売主の負担として計上されますので、あらかじめ概算を確認しておくとよいでしょう。

個人か法人か

個人と法人、どちらで物件を購入するべきかという質問をよく受けますが、これも「人による」としか言いようがありません。私の場合は、事業を行っていますので最初から法人で物件を買っています。投資家の中には、個人名でＩＲＳ（米国国税庁）に確定申告をするのを好ましくないと考え、法人で買う方もいます。将来、発生する相続までを視野にいれるなら、法人で買っておいたほうがよいと言えます。

一方、高所得のサラリーマンなど個人の税率が高い方の場合は、個人で購入して減価償却でタックスメリットを受けた方がよいでしょう。また、アメリカの税制では個人で不動産を1年以上所有していると、売却時に税の軽減が受けられます。

双方にメリット・デメリットがある話なので、どちらが良いかについては、個別におたずねください。

▼アメリカで法人設立（ＬＬＣ）

米国不動産に法人で投資する場合、現地に米国ＬＬＣを設立して、そのＬＬＣに不動産を持たせるという方法もあります。ＬＬＣとは「Limited Liability Company」の略で、日本では有限責任会社と訳されます。米国不動産を直接保有すると、テナントからの訴訟リスクを抱えることになるため、リスクヘッジという意味合いがあります。訴訟される最悪の事態でもＬＬＣで食い止めるという発想は、訴訟大国アメリカならではと言えるでしょう。

手順としては、日本でまず不動産投資会社を設立し、その後米国に１００％子会社のＬＬＣを設立する、もしくは米国で法人設立後、その傘下に投資物件ごとにＬＬＣを設立する方法があります。

なお、日本の法律では、ＬＬＣはあくまでも法人という扱いになるため、個人はＬＬＣの不動産所得による赤字を他の給与所得と相殺できません。法人の場合も子会社の損失をそのまま日本の親会社の損失にはできません。

税金について

▼アメリカで購入時にかかる税金

日本で不動産を取得すると、不動産取得税をはじめ、登録免許税、印紙税など様々な税金がかかります。一方、米国で購入時にかかる税金というのはほとんどありません。

日本の消費税は、土地は非課税ですが、建物は新築建築・購入に対して課税されます。一方、アメリカでは土地・建物ともに消費税はかかりません。

▼アメリカでランニング（保有時）にかかる税金

テキサス州では個人所得税、法人所得税に関する州税がかかりません。

また、日本では固定資産税、都市計画税、特別土地保有税がかかりますが、アメリカでかかるのは固定資産税のみとなります。テキサス州の固定資産税は、物件評価額に対して2・5％〜2・8％となっています。

アメリカ不動産から得た家賃収入は連邦政府と州政府へ申告し、納税の義務が発生します。もちろん日本でも申告する必要があります。つまり、日本居住者がアメリカ不動産を所有すると、日本とアメリカの両国で確定申告をする必要があるのです。

ただし、日本での確定申告は、日本の不動産所得や給与所得等との損益通算が可能です（そのため、アメリカ不動産で短期で減価償却をとることにより、タックスメリットが得られます）。

アメリカと日本で確定申告する必要があると聞いて「二重課税になるのでは」と思われた方がいると思いますが、是正措置として、アメリカで確定申告をすることで、還付金を受けられる可能性があります。

また、日本とアメリカの間には日米租税条約があるので、アメリカで支払った税金の一定額を、日本で控除することができる「外国税控除額」という制度が存在します。

▼アメリカで売却時にかかる税金（日本居住の個人の場合）

〈キャピタルゲイン課税〉

保有1年未満 ↓ 短期キャピタルゲイン課税（総合課税）

保有1年以上 ↓ 長期キャピタルゲイン課税（総合課税の譲渡益とキャピタルゲイン課税〈税率25％〉とに区分し課税）

〈連邦税〉

アメリカで不動産を購入し、その後売却した際には、連邦税が課税されます。アメリカ非居住者が不動産を売却する際は、物件価格の15％は買い手から売り手に支払われずに源泉徴収されます（実務はエスクローが行います）。州によっては追加源泉徴収（３％程度）が発生しますが、テキサスでは発生しません。

▼日本で売却時にかかる税金

〈譲渡所得税（日本）〉

5年以内→短期譲渡所得（所得税30・63％+住民税9％＝39・63％）

5年超→長期譲渡所得（所得税15・315％+住民税5％＝20・315％）

※なお、税に関わる詳細については、日米間の不動産税制に詳しい専門家（税理士や会計士）にご確認ください。

第7章

卒サラ・メガ大家と語る、アメリカ不動産【対談】

本章では、事業家である私とは全く異なるバックボーンを持つ、外資系企業でサラリーマン出身の投資家、奈辺卓美さんを招いての対談を収載しています。

奈辺さんと知り合ったのは、あるプロジェクトでご一緒したことがきっかけです。彼とはパートナーであり、クライアントであり、同志である、そんな関係性の人物ですが、私とは対照的です。

私の事業や投資の意思決定は、よりエキサイティングなものを選ぶ傾向があり、机上の勉強よりもまず行動、そして得た人とのご縁でビジネスを形作っていく面が強いと言えます。

一方、奈辺さんは冷静かつ優秀な投資家であり、外資系ＩＴ企業に長年勤めたビジネスエリートでもあります。お互いのバックグラウンドは違えど、現在、注目しているのがヒューストンの不動産で共通しているというのは、なかなか面白い話です。私とは違った視点から、これまでどのような投資を手がけて、最終的にテキサス不動産にたどり着いたのか。どのような部分に魅力を感じているのかについてお伺いしました。

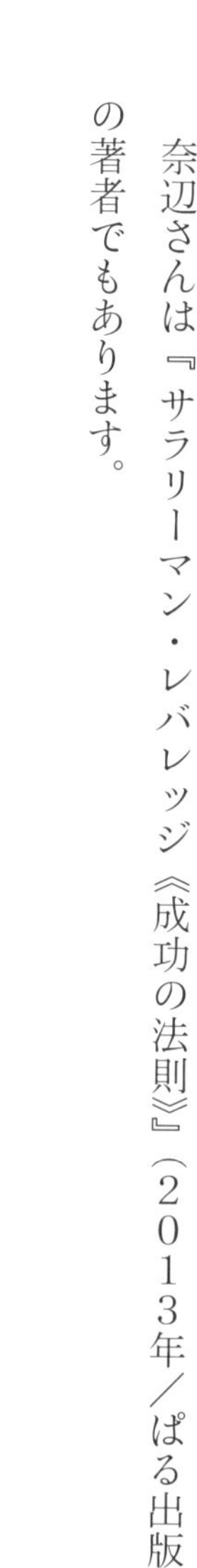

奈辺さんは『サラリーマン・レバレッジ《成功の法則》』（2013年／ぱる出版）の著者でもあります。

髙橋：奈辺さんが本を出されたのは、たしか2013年でしたよね。

奈辺 卓美 (なべ・たくみ)

日系IT企業に16年間、その後外資系IT企業に11年間勤務。

米国ITバブル時代に北カリフォルニア(シリコンバレー)に3年間の駐在勤務を経験。不動産投資は、若き20代のバブル終焉期にキャピタルゲイン狙いの投資するも大敗。しかし、以来16年間の不動産投資への封印を解き、2006年頃から始めたキャッシュフロー狙いのサラリーマン兼業不動産投資活動で「総資産20億円、年間家賃収入2億円超」を7年で達成。

現在投資家として売買および賃貸経営を継続しながら、サラリーマン向け投資指南の「奈辺塾」を開講し後輩投資家の育成に当たっている。

URL：http://nabetakumi.com

奈辺：はい。元々、同志とも言えるサラリーマンの人達へ、「日本における独特の融資条件」と、それが使える「ガラパゴス不動産市場」の存在に気づいてもらって、「サラリーマンとしてのステータスを最大限生かし、レバレッジを使いましょう」というのが本のメッセージでした。

レバレッジをかけて不動産投資を拡大させるという手法によって、長く勤めてきて、耐え抜いた努力が報われる方法があるんです。

今はまさに巷では、「日本に３００万人のサラリーマン大家さんがいる」と言われている時代でしょ。それだけ多くのサラリーマンが日本で不動産投資に取り組んでいる。

一方で、インターネットが日常普通にあって、これだけグローバルな時代に、日

フィリピン／マニラのコンドミニアム

本に一極集中させる考え方、ちょっともったいないよね、ということで海外不動産投資の魅力も紹介しました。

マレーシア／KLのコンドミニアム室内

アジア投資での失敗

髙橋：著書のなかではアメリカ不動産に限定せず、東南アジアの不動産についても書いておられましたが。

奈辺：私自身、2011年くらいから、海外不動産に目を向けていました。その当時、東南アジアへの投資がすごく注目されていて、当時ホットだったのはマレーシア、フィリピンとかだね。今だと、モンゴル、ミャンマー、カンボジアとか、もっとディープになっているのかなぁ。

それで、私も実際にマレーシアとフィリピンのプレビルドのコンドミニアムを買ってみたのだけど、そもそも東南アジアというのは、まだまだ未成熟で、交通インフラも未整備で、公共交通網が存在していない。それなのに、人口だけは日本と同じ、東京並の人口密度。そうなると、いろいろ停滞しちゃって社会がうまく回らないよね。実際、道路はいつも大渋滞で、アポの時間とかも読めません。

我々のような庶民がやる投資、マンションに投資しして賃貸に出すモデルって、社会インフラが整っている国でやると上手くワークするけど、それがない場所でやると、まず失敗するね。実際やってみて、通用しなかったわけだしね。むしろその前の段階、土木事業の領域で儲けるくらいじゃないと駄目なんだよね、アジアでは。ある意味、髙橋さんがやっている飲食事業っていうのは正解かもしれないよね。

髙橋：まあ、飲食事業も大変なんですけどね。たしかに、東南アジアの高級物件は、パンフレットはものすごく立派ですが、実際現物をみるとけっこう壁がうねっていたり、タイルの隙間が一定でなかったり、クオリティはかなり厳しいものがありますね。

奈辺：どの道、個人的にはあと10年、アジアに投資すべきじゃないと思っています。自分が住んで、管理するくらいの覚悟があれば、やりようもあるでしょうけど、日本の感覚でそのまま行くとまず失敗するね。政治的不安要素、いわゆる地政学的リスクも考えないといけないし。

そんなわけで私もアジア不動産については、残念ながら成功しているとはいい難い状況です。マレーシアの首都、クアラルンプールで投資して、まあトントンかちょっとマイナスといった感じで、当時は夢の（笑）イスカンダル計画が、ものすごく持ち上げられていて。

マレーシア／KLのコンドミニアム

髙橋：イスカンダル計画というと、シンガポールのとなり、香港に対する中国の深圳のような位置づけとして、投資が盛り上がっていましたよね。私も見に行ったことがあります。

奈辺：マレーシアのジョホールバルという都市が、シンガポールから近いということで、「これから大発展するぞ!」と騒がれていて、日本人もたくさん投資しました。散々な目に遭っている人も多いと思います。

髙橋：私が行った当時はまだブルドーザーが走っていた時期ですが、今はそんなに駄目ですか。

奈辺：駄目なんてもんじゃないですよ。未だに出口の目処が立ってないという。日本でも昔、あったじゃないですか。北海道の原野を買うみたいな投資話が。それと大差ない感じですよ。ただ、イスカンダル計画が本当に計画通りに進めば、それは素晴らしかったのですが、実際はそうそう上手くいかないですよね。

何しろ国民的スピード感が違いすぎます、納期が半年、1年遅れるなんて当たり前にあります。フィリピンで買ったプレビルドのコンドミニアムでも工事が1年遅れるのが当たり前。それどころか2年、3年と遅れる。そういう人たちを相手にハンドリングするのが、東南アジアの不動産投資だよね。

高橋：奈辺さんでも、上手く行ってないのですね。

日本への一極集中はリスク

奈辺：そう、それでさんざん火傷した挙句、「やっぱり先進国だよな」って気がついて。いや、高い勉強料になりました。

ただ、先進国で買うとしても、日本に一極集中は避けたいところです。本来、確実に物凄い勢いで人口が減っていく国への不動産投資って、とても難易度が高いはずなんですよね。

髙橋：確かにそうですよね。

奈辺：それが今は、バブル状態だから実態が見えにくくなっているだけ。不動産の市況が「バブル期を越えているエリアが出てきています」なんて報じられたりするくらいだから。

髙橋：私も今の日本はだいぶいい線まで来ていると思います。投資家も日本の特殊な融資環境を当たり前と思っていますが、すでに変化の予兆がでていますね。

奈辺：人口が減る国で不動産投資をするのって、ものすごくリスクが高い。先ほどの300万人いるサラリーマン大家さんの中にも危険な道を進む人たちがいるわけで、何かしらの手段でリスクをヘッジしないといけない。僕にとってのそれが、アメリカ不動産投資なんですよね。

髙橋：私もリスクについては同感です。

奈辺：リスク分散のためにやった投資が、新たなリスクの火種になったら意味がない。それはアジアで投資して学んだこと。その意味で、先進国での不動産投資、つまり、アメリカ不動産投資に行き着いたんです。

あとは、オーストラリア、ヨーロッパだったらイギリスも悪くない。不動産の取引制度が非常に透明な国に魅力を感じます。世界ランキングでいうと1位英国、2位オーストラリア、3位カナダ、4位米国になっています。

髙橋：ちなみに、奈辺さんが投資した、マレーシア、フィリピンはどれくらいの順位なんですか？

不動産透明度インデックス

1位	英　国
2位	オーストラリア
3位	カナダ
4位	米　国
5位	フランス
6位	ニュージーランド
7位	オランダ
8位	アイルランド
9位	ドイツ
10位	フィンランド
11位	シンガポール
12位	スウェーデン
13位	ポーランド
14位	スイス
15位	香　港
16位	ベルギー
17位	デンマーク
18位	ノルウェー
19位	日　本
20位	チェコ共和国
21位	イタリア
22位	スペイン
23位	台　湾
24位	オーストラリア
25位	南アフリカ
26位	ハンガリー
27位	ポルトガル
28位	マレーシア
29位	スロバキア
30位	ルーマニア

2016年版グローバル不動産透明度インデックス
（一部　資料：JLL）

奈辺：アジアはランキング低いですよね。それこそ30位くらいとか。

日本も最近上がってきましたが、20位くらいでけして高いわけではない（笑）。

ただ、我々は日本語が出来るし、ある程度複雑な取引の仕組みも理解してノウハウに変えていけるけど、外国人に日本で同じことをやれって言っても、まず出来ないよね。

中国や台湾、韓国の富裕層が日本の不動産に注目しているけど、高値で買っている人もいるだろうし、彼らはいざとなったら、あっさり撤退するしね。そうなると本当に日本の不動産を買う人がいなくなるので、暴落する可能性は非常に高い。

高橋：その意味でも、分散するに越したことはないと。

奈辺：そう考えて自分も実践しているし、300万人いると言われる同志であるサラリーマン大家さんにも、メッセージとして伝えておきたいと思っています。

テキサスを選択するわけ

高橋：先ほど、アメリカの他にオーストラリア、イギリスの不動産も良いと言っていましたが、その中から最終的にアメリカを選んだ理由は何ですか？

奈辺：オーストラリアは土地勘が無さ過ぎて避けたのと、ヨーロッパも日本からけっこう距離があるなと。まあアメリカも距離はあるんですけど、そもそも私は米国資本のＩＴ企業に勤めていたり、その前は日本企業でも米国の駐在員として働いていたので、米国事情が非常によく分かっていたこともあります。そういう意味では非常に身近な国でもあったわけです。それに今では不動産屋が大統領の国ですからねぇ……（笑）。

２０１１年ごろカリフォルニアの不動産を購入に行ったんですけど、すごく良いと感じました。カリフォルニア州は全米ＮＯ・１のＧＤＰの州だしね。ここなら日本と変わらない水準の生活が出来ると。

当時はリーマンショックの傷がまだ癒えきっていないころで、割安な不動産も多くて面白かった。逆に２０１７年の今、カリフォルニア州については売りの時期だと思いますね。

それで、カリフォルニアを売って得たお金をどこに投資しようかという話になると、これはやはり、髙橋さんも薦めている通り、テキサス州だよな、となるわけで。

テキサスがいいというのは、これは私の主観に限った話じゃなくて、たとえばトヨタ自動車が北米本社を移転している。これは税金や雇用のメリットがあるから。そういった状況を踏まえて、テキサスは有望だと思っています。当然、不動産もこれからさらに面白くなってくるでしょう。

テキサスの人口は2030年の予測で明らかに増えていくエリア。そういう意味で2013年に私が本にした『サラリーマンレバレッジ』を、今かけるとしたら、分散の意味も込めて、テキサスという場所を選ぶのは非常に良いと思っています。

サラリーマンで収入が多い方、年収1000万円を超える方、税金の重さが全然変わってきますよね。そういう方にお勧めしたい。ある程度の年収になると節税について考える機会が増えるはずなので。

その時、テキサスの不動産の減価償却が大きなメリットになってくる。日本の高収入サラリーマンは、減価償却を取る方法を知っておいて損はない。そのためには建物比率が高く設定できる州が有利ということになる。

髙橋：その通りですね。テキサスでサラリーマンレバレッジを上手くかければ面白いことになりますね。

融資にはサラリーマン属性を活用すべき

奈辺：定収入を持つサラリーマンは、やはり日本同様にアメリカでも有利なんですよね。サラリーマンは意外と住宅ローン、正確に言うとセカンドハウスローンが使えるので。モーゲージローンが。実際に私も、米国のＨＳＢＣ銀行から２軒分の住宅ローンを１億円超、借りています。サラリーマンをしていたからこそ、外国人でも１億円以上の住宅ローンを借りられたわけです。

最初、「別荘を買います」という話を銀行に持っていった。それで８０００万円くらいの家を買えました。もちろん頭金を３割入れてね。アメリカでローンを全額出してくれるってことはないのでね。

もうひとつ同じカリフォルニアで買おうと思った時は、銀行から「それ、別荘じゃないですよね」と言われたので、「はい」と正直に言って。2件目は投資用のローンで半分出してもらっています。それで総額1億円超を借りています。

サラリーマンとして上手く住宅ローンを利用して、こちらで別荘として買った家を、途中から人に貸すでもいい。そうやってドルの家賃収入を得るのがいいんじゃないですかね。やっぱりドルの収入があるっていうのは非常に、分散投資の観点から重要な要素ですよね。万が一、たとえば日本国債の暴落とか、実際に起これば、ものすごい円安になる。その時、ドルの資産は倍増したようなものなので。そのためにドルの資産とドルの収入を持っておく。

髙橋： それを一番簡単に実現できるのが、アメリカ不動産を持ってドルの家賃収入を得るということですね。

奈辺： あるいは日本の住宅をAirbnb経由で貸し出してドルを稼ぐとかですね。それも私はやっています。Airbnb社は、日本の物件であっても送金手数料なしで米国のドル口座に振り込んでくれます。日本の物件で、居ながらにしてドルをガンガン稼ぐのはとても爽快です。

あとは一番ハードルが高いだろうけど、髙橋さんのようにアメリカで事業をするのもひとつですよね。レストランをやるとか。でもサラリーマンにはなかなか難しい。

髙橋：実際、難しいです（笑）。

奈辺：そうなると、やっぱりアメリカ不動産を持って、ドルの家賃収入を得ましょうよってことになる。お金を借りて、3倍位のレバレッジをかけられますし、出来る人はやっておくべきだと思いますね。出来ない人でも、Airbnbでドルを稼いでおく。

アメリカの住宅ローンのいい所は、年齢を問わないところなんですよ。年齢関係なく30年借りることが出来る。

髙橋：ビザのステータスなどにもよりますね？

奈辺：銀行にもよりますが、必ずしもビザホルダーでなくても個人名義であれば借りられることがありますね。個人名義で住居を買うわけですから。

髙橋：日本だと難しいですけど、いったんキャッシュで買ったうえで、銀行さんに持ち込んでローンをつけてキャッシュアウトする方法もありますね。

ただ、ファイナンスが付くからといっても、奈辺さんが、『サラリーマンレバレッジ』にも書いてありましたけど、

LA一軒家

いきなり一足飛びに海外不動産投資はしないほうがいいと。

奈辺：そうそう、その通り。日本で基盤を作ったうえで挑戦すべきだね。よく、日本のネガティブな理由だけで海外投資を選ぶ人がいるんですが、私はそれは間違っていると思うんです。

あなたが日本に住む日本人である以上、不動産投資をやるとしたら日本より好条件の場所はありません。実際、世界と比べても融資、安全な利回りなどの面でダントツNO・1の条件なんですよ。日本人なのだから、ちゃんと日本の不動産を勉強すれば日本がベストな投資先。絶対にまず日本をやるべき。

LA物件のプール

本に書いたとおり、サラリーマンというステータスを有効活用して日本の不動産を上手く買っていきなさい。でも、一極集中はリスクが伴うので、分散の意味でアメリカ不動産投資をしましょうよ、という話だね。

だから、「日本はもうダメだ」というネガティブな理由のみで投資するのは、ちょっと違う。ましてや、日本の不動産のこともよくわからない、英語もできない。その状態で海外の不動産を買おうっていうのは、私から言わせると、目隠しで高速道路を運転するようなものですよ。間違いなく死にますよ（笑）。

どちらも出来ない人がやるなんてのは、とんでもない話。でも、そのとんでもない話が最近は多いと感じている。それは良くないね。

髙橋：だからまずは、日本の不動産を練習と思って取り組んで欲しい。実際、ここ最近アメリカ不動産投資に乗り出す方は、日本の不動産価格が上昇した結果、売却益を手にして、それを元手にというケースが目立ちます。あるいは、ローンの返済が進んだことで担保余力が生まれて、政策金融公庫からお金を借りてキャッシュアウトしないでアメリカ不動産を買っている人たちもいます。ほかには、日本でやっている不動産賃貸業を海外進出させるということで、制度融資を使うケースもありますね。

奈辺：その通りで、融資はアメリカで借りることも出来るし、日本でも借りられる。特に日本は20年で金利1％台とか、ものすごく有利な融資条件なわけです。アメリカで融資を受けたら、4％超が当たり前なわけだから。使わない手はないよね。

高橋：担保余力を活かしてという方も居ますし、人によっては日本での賃貸経営の実績が認められて、無担保で2000万円の融資を受けている人もいますね。もちろん、将来、融資条件が厳しくなることは考えられます。日本でサラリーマンのステータスを活かして不動産をはじめた人が、そのアドバンテージでアメリカに進出するパターンは多いですね。

先ほど出てきた「ギャンブル」だという例え、そうだなと思って。大きくキャピタルゲインを狙うのとかね。奈辺さんは、リーマンショック後の悪い時期に、カリフォルニアというい場所の不動産を買えているので、今リバウンドを取れていますけど。これはギャンブル的に狙ったものではなくて、あくまで時期を見極めてちゃんと賃料収入を主眼にした手堅い投資をされた結果なんですよね。このあたりはサラリーマンならではというか、抜群に安定性がある投資をされていますよね。

奈辺：そう、リバウンドを取れているのは結果論だね。復活するだろうとは考えていたけど。我々の世代ってバブルを経験している。でもその後の、右肩下がりの不動産市場を過去20年に渡って見てきている。だからあまりキャピタルゲインは考えたことがない。

じつは私自身、90年代に不動産を買って大失敗していて。それは何かというと勢いでキャピ

LAアパート一棟物件

タル狙いの都心の物件を買ったら、20年下がり続けた。そこでロバートキヨサキ氏が登場ですよ。

「あ、不動産はキャピタルゲインじゃなくて、キャッシュフローなんだ」と気づいた。そこでの学び、スピリットが生きています。

アメリカ不動産も、たまたまキャピタルゲインが出ているだけの話です。不動産はサイクルビジネスなので、キャピタルはあくまでサブですよ。

髙橋：これからインカム重視でアメリカ不動産を買おうとした時にカリフォルニアとかの高い物件を買ってしまうと、プラスのキャッシュフローを出すのが難しくなる。向こうは金利が4%、5%するわけだから。今後さらに上昇する可能性があるわけで。一方でカリフォルニアの人気の場所での不動産でネット6%の物件を見つけるのがものすごく難しくなっている。

奈辺：確かにいい水準に来ているよね。カリフォルニアでも田舎（内陸側）に行けば、まだね…。一口にカリフォルニアと言っていいのかってのもありますけど。

ＬＡ近郊、オレンジカウンティ、サンディエゴのようなコースト沿いの人気の場所はかなり高くて、今からキャッシュフロー狙いで買うのは少し難しいよね。収入の高いサラリーマンであれば、減価償却だけ狙うというのもあるかもしれないけど。

髙橋：事業家的に考えると節税できる策として、法人であれば保険を使ったりします。個人で収入が高い人は、今年で減価償却が大きくとれた太陽光発電ブームが終るので、出来ることが限られている状況です。そのなかでアメリカ不動産はダイナミックに税金をマネジメントができるツールになりますよね。特にテキサスは建物比率が高いので効果が高いです。

LAでも人気のマリナデルレイの物件

アメリカ不動産投資は対円で5倍になる可能性も

奈辺：サラリーマンだった私からすると将来、65歳あたりで定年になった時、今までだと5000万円くらいで買った家がリタイアする頃にはローンが完済していて、今度はその家を担保に入れたりとか出来たけど、今って担保価値が下がってしまっている。特にバブル世代の人たちは、郊外に5000万円する家を買って今売ると2000万円台くらいにしかならないかもしれない。将来売ろうと思ったらもっと悪くなっている可能性がある。

だから、海外に資産を移しておいて、自分が定年になった時、万が一、円が下がったら、ドルの価値は上がるのでヘッジになる。

半分妄想が入っていますが、私は、アメリカ不動産投資は円ベースで5倍になる投資だと思っていて。それくらいになれば、お子さんにも負担掛けずに高級老人ホームにも入れるわけじゃないですか（笑）。そう思って一生懸命、取り組んでいます。

高橋：日本で住宅を買っても高級老人ホームには入れないだろうけど、アメリカだったら可能性がありますよね。

奈辺：そう、アメリカで5000万円で買っておいた家が、日本円で考えると2億円になるかもしれない。ちなみに、私が2011年にロサンゼルスに買った家は今の時点で円換算で約2倍になっています。85万ドルで買ったので当時日本円（$1=80円）で7000万円くらいだった。それが今、不動産価格があがって、円安にも振れたので日本円で1億5000万円になっている。もちろん逆の場合もあるので、あくまでも分散のひとつとして。ドルが暴落することだってあるかもしれないから。

信頼できるエージェント選びが大切

高橋：アメリカの物件を買う時って、私は行きたい時に現地に行けるけど、サラリーマンの方だとなかなか難しい。管理は任せるにしても。そのあたりはどう思います?

奈辺：買う時、見て決めますよね。そこが重要で。行ける人はもちろん行ったほうがいいに決まっています。でも行けない場合は、現地に信頼できるエージェントを見つけて、ビデオに撮ってもらうとかもできる。

今って、インターネットでライブ配信できるし、ストリートビューもある。アメリカのストリートビューは、アップデートが早いんですよ。半年に1回とか。そういうのを活用する。逆に信頼できるエージェントが居ないと心配ではありますよね。

高橋：私は現地のエージェントに会うことがいくらでも出来るけど、サラリーマンの方はそうそう長期の休みも取れないし、時間が限られるのが難しい点かなと思っていて。奈辺さんがエージェントをみる時のポイントとかありますか?

奈辺：過去の様々な失敗から学んだことですが、エージェントで、「forecast」(フォーキャスト：予測）という言葉をやたら使う人がいるんですよね。物件概要の収入欄にforecastと書いてある。もしくはproformaとか。そういった単語が入った表だけを手にして熱弁を語る業者は、ほとんどがその通りになりませんでしたね。forecastのような単語は〝希望的観測〟と読み替えなければならない。あくまでも売り手側の主張する〝希望的観測〟に過ぎない。イコールそれは、セールストーク。それらは上手く行ったためしがない。そこは注意だね。

もちろん、forecastも重要なんですよ。リアルなデータから出されたものなら。ただ、forecastの話しかしない人は、危ないです。

髙橋：管理会社について、気を付けている点はありますか？

奈辺：管理は、付き合ってみないとわからないってところがありますよね。あるいは、既にやっている人に聞く。実績のある人に聞くのが一番だね。だいたい日本でも良い管理会社を見つけるのは難しいじゃないですか。みんな乗り換えとか経験しているわけで。

ひとつあるとしたら、乗り換え可能かどうかというのは重要かもしれない。たとえば、私が苦労した例で、これは国内なんですけど、田舎の方の物件を持つと、業者の選択肢が極端に少なくなる。そこで一社断られると、次を探し出すのが大変で、なかなか次が見つからない。特に初心者のうちは、大都市で選択肢があるっていうのは大切かもしれません。

これは国内でも海外でも一緒。田舎に行けば行くほど、独占的な管理会社というのが存在していて、そこに嫌われてしまうと、どうにもならない。自分がそうだったからね。だから、これからアメリカ不動産投資はじめたいって人には、やはりメジャー都市をお勧めしたい。

「リゾート」は危険なキーワード

髙橋：利回りに飛びつくというか、聞いたこともないような都市の海外不動産に手を出す人もなかにはいますね。特にビーチリゾートとかに多い。

奈辺：『リゾート』は危険なキーワードなのかもしれない。まあ、僕もハワイはやっているんだけどね。

髙橋：ハワイは別格ですよ。メジャーですし。

奈辺：ありがちなのは、写真は物凄く素晴らしいけど、自分がバカンスで行くかと聞かれると微妙なところとかね。本当にリゾートとしてパフォーマンスがあがるのか。あるいはハイシーズンに稼げるのか。トータルで考えると、リゾートとして上手くいくのが難しいというケースが多い。ボラティリティが高く、不動産投資とし

ハワイはリゾートとしては◎

ての安定感にかけますね。

髙橋：管理会社の話に戻ると、「どの都市で」っていう話が出ましたけど、アメリカ、あるいは先進国の中であってもマイナーな都市で利回りが高い案件というのはある。けれども、管理の問題がいざ上手く行かない時、あるいは売ろうとした時に、狭い世界の中で解決策を見つけないといけないので、そこは大変なことになりますよね。奈辺さんが言うとおりです。その意味でテキサスという全米NO・2の州の最大都市、ヒューストンを狙う戦略は有効です。

ハワイコンドミニアム外観

奈辺：全米でも4番目の都市なわけだし、そのあたりは非常に安心できるよね。かといって、メジャーすぎると高くなりすぎて投資としてなかなか手が出せない問題もある。ただ、テキサスに関しては割安だし、大都市だし、信頼できる業者も存在している。

テキサス州一棟ものアパート物件外観 1

髙橋：カリフォルニアで買った不動産の利益確定後にテキサスを買っていると思いますが、どんな物件を買われていますか？

奈辺：この間ヒューストンで買ったのが、小さめのアパート。ただし、場所は一等地。価格は1億円くらい。面白いなと思ったのが、家賃が上がっていくんですよね。じわじわと。空いてても応募が殺到しすぐに決まる。家賃上げてもすぐ入る。

高橋：空室期間で言うと1ヶ月くらい、たしか3週間でしたよね。実際、部屋を綺麗にして写真を撮って掲載して。

テキサス州一棟ものアパート物件外観 2

テキサス州一棟ものアパート物件外観 3

アメリカでは大家がテナントを選べる

奈辺：しかも何人も申込みが入るからね。こちらがテナントを選べる立場になる。アメリカ独特で面白いのがテナントのファイナンシャルスコアが全部わかっちゃうこと。年収もさることながら過去のクレジットヒストリーとか。

髙橋：アメリカの納税者には全員偏差値がついているんですよね。メジャーな偏差値会社が４つくらいある。それを見て、スコア６００点切る人は足切りしたりすることができる。

奈辺：だから、いい方とお付き合いできるので、リスクが減るでしょ。違反したかどうか運転履歴もわかる。過去に滞納があったかどうかも全部わかる。だからいいテナント選びがしやすいよね。

髙橋：審査するのにお金が35ドルくらいかかりますけど、それも入居者負担にできますしね。「入居希望するなら審査を受けてよ」って言える。その費用を払ってでも入居したいって人がたくさんいる。それくらい需要があるってことですよね。

奈辺：実際、こうやってスマホでスコアが簡単に確認できる。これは僕のやつだけどね、スコアが767点で、Excellentっていう評価になっている。ローンも毎月返しているし、クレジットヒストリーも問題ないから、この評価。

日本人だと当たり前（標準）だけど、アメリカではこれがExcellentなんです（笑）。

髙橋：今、日本の地方都市で賃貸経営している人は、空室が出たら家賃を下げて募集しないと借り手が付かない。すると利回りが下がってしまう。空室期間も長引くし、家賃何ヶ月分ものＡＤ（広告宣伝費）をつけて募集しているわけですから。テキサスとの条件の差っていうのが明白ですよね。もちろん、どちらも退去があれば原状回復する必要がありますね。

奈辺：原状回復はテナントによるかな。カビとかが生えると大変。向こうはカビが生えると全て大家の責任になるんですよね。「カビが原因で健康被害が出たら大家が悪い」っていう国なので。だから、専門業者があるくらい、カビ対策は徹底してやります。

髙橋：誤解されがちですけど、原状回復費用は日本と比べて、べらぼうに高いわけではない。もし、日本よりかなり高いコストを請求されている、という人がいたら、それは管理会社が抜いている可能性がある。

奈辺：日本でも言えることだけど、ぼったくろうとする人はやはりいるよね。隙あらば、ぼったくりみたいなところはある。それがより顕著に現れるのがアメリカ。「遠隔だから分からないだろう」と思えば、原状回復ひとつにしても割高な請求をして、それを認めてしまう日本の投資家もいるという。

髙橋：ただ、奈辺さんの場合はいい管理会社さんを見つけているので、適正コストが請求されている。一番古いアパートでも入居者が集まってきて、賃料も更新の度に上げられる。そうすることで、物件価値自体が徐々に高まっている。オーガニックに成長する好例ですよね。

奈辺：実際向こうの不動産を買ってみると、日本の不動産よりも心配事は少ないくらいだね。もちろん、日本で不動産投資を経験したからという部分も大きい。

髙橋：日本の常識だと、地方ではテナント募集するのがすごく大変。これからますます大変になる。しかも物件が古くなればなるほど、借り手が見つかりにくく、賃料も下げざるを得ない。

でもこれがアメリカだったら、正反対の状況になりますよね。しかもアップグレードに大金かける必要があるかというと、必ずしもそうではない。日本と変わらないコストをかけていけば、賃料を上げていくことが可能。

奈辺：希望的観測（Forecast / Proforma）だけで、「キャピタルゲインを狙いましょう」という海外不動産投資より、きちんと貸しやすい場所で、日本の不動産と同じ気持ちでインカムゲインを稼いでいけば、圧倒的に安定しますよね。たぶん、皆さんが思われているよりもハードルは低いと思う。

透明性の高いアメリカ市場

高橋：今も物件を探されていますか？

奈辺：探しているけど、いい物件を通販感覚で買うってのいうのは流石に無理だよね。なにより現地のエージェントの協力が必要だしね。新規の場所ともなると電話して

「こういう物件を買いたいです」といっても、詳細な物件情報すら流してもらえない。

でも、アメリカの場合、不動産情報の透明度は高い。過去いくらで取引されたかも分かるし、相場観は養える。私も毎日、チェックしていますから。

日本では、物件情報をクリックしても過去の売買状況は出てこないじゃないですか。でもアメリカは出てきますからね。非常に面白いですよね。有名なのは「Zillow」「Trulia」っていうサイト、あとは「Redfin」とかね。

髙橋：日本で言う、「健美家」とか「楽待」みたいなそういうサイトで、まずは相場観を養う。でも、実際利回りが出ている物件でも当てにならないというか、希望的観測で数字が入ってる場合も多い。

打ち合わせ風景

実際、そういう利回りが高い地域に行ってみると、すごく荒廃したエリアだったりして、物件自体も貸せるような状態じゃなかったりします。こういうのはネットだけではなかなかわからないので、実際に見に行ってくれるエージェントの協力が必要です。

でも、売れているエージェントは基本的に忙しいので、本気で買う人の依頼じゃないと、まず動いてくれないんですよね。

髙橋：本気で買うという点では、奈辺さんはPOF（残高証明）を常に用意されていますよね。

奈辺：そう、アメリカはビジネス習慣が違うから。日本の不動産屋さんだと「買うかもしれないから、今度行くから紹介してよ」ってやるじゃないですか。アメリカは一切そういうのは通用しないですよね。本当に買う気のある人間しか相手にしない。「物件の中見せてよ」っていうと、「お前、金持ってるのか？　証明してみせろ」って聞かれる。なので、私は物件を売った瞬間とか銀行残高が多い時に、２０００円くらい払って英語版の残高証明書を取るようにしている（笑）。

そういうのをエージェントに出せるように準備しておくのは、すごく重要。彼ら買える人にしか情報はあげないですからね。

高橋：ちなみにＰＯＦというのは、残高証明に限らず、お金を持っていることが証明できる書類全般のことですね。それを常に用意しておいたほうがいい。逆に言うと、それがないと物件情報すら手に入らない。特にいい物件であればあるほどね。

奈辺：日本でも出回っている物件と、非公開物件があるので、似たようなものだよね。こっちで言う未公開物件は、オフマーケットって呼ばれている。そのオフマーケットの物件情報を手に入れて「中を見せてよ」って言うと「買えるの？」って聞かれるね。「頭金くらいのキャッシュはあるよね」って。だから1億円の物件だったら、3，4千万円の現金持ってないと駄目なので、先ほどの残高証明書が必要になる。そこは日本と違うところだね。

髙橋： 日本でそれやられたら、めちゃめちゃ失礼に感じますけどね（笑）。

管理会社との打ち合わせ

奈辺： 日本はある程度、信頼関係で成り立っているところがあるよね。良い悪いは置いておいて。向こうのオフマーケット物件を買うには、それなりのネットワークやＰＯＦといった準備が不可欠になる。そういったところで髙橋さんには非常に相談に乗ってもらっています。アドバイスをしてもらったり。

髙橋： ありがとうございます。奈辺さんのエージェント探しのコツはありますか？

奈辺：エージェント探しのコツは、評判ですね。よくよくその人のことを調べると悪い人だと悪い評判が立っていますから。調子がいいだけの人は、だいたい危ないですね。

英語力はメールのやり取りが主だし、グーグル翻訳もあるわけだから、そこまで気にしてないね。あと、成功するには鈍感力がいるかもしれない。極端に神経質だと、管理会社と上手く行かないよね。向こうから嫌われるしね。

髙橋：結局、ビジネスパートナーを目指すべきなのに、主従関係と勘違いしている人は上手く行かないですよね。

奈辺：そう、基本、パートナー。そこを理解しないとね。上から目線が嫌われるのは万国共通。人として良い感じ、好かれる人であれば、たとえ言葉は拙くても、力になってくれるよね。

アメリカ不動産投資の目標

髙橋：奈辺さんのアメリカ不動産投資の目標は？

奈辺：今後も、ヒューストンに物件を増やしたいと思っています。総資産の30％くらいをアメリカ不動産で持ちたい。そうなるとローンを使って5億円くらい買う感じですね。

さっきも言ったけど、アメリカ不動産投資は円ベースで見たら5倍になる投資だと個人的に思ってやっているので。投資した5億円を25億にするつもりでいる。その25億円を、将来の日本に持ち帰ってきたら、頭金にまわして200億円くらいのビルが買えるかもしれないじゃないですか。それで表参道あたりに200億のビルを所有するというのが最終的な目標かな。

そのために今、テキサスの不動産に取り組んでいる。実現するためには、髙橋さんにどんどんアメリカのお買い得情報を集めて欲しいと思っているよ。より軸足をアメリカに移して、ディープな情報を取って欲しい。オフマーケット、未公開情報にアクセスして。できればそれをこっそり回してほしいね（笑）。

髙橋：未公開情報を発掘する体制は、どんどん整えていきたいですね。もうひとつは、ファイナンス面ですよね。日本のようにはいかないにしても、ファイナンスをもっと受けやすくする。今だと2000万円くらいがボリュームで、上限は1億円くらいなので。借りやすさや、融資額の上限といった、日本人だからみたいなハンデはなくしていきたい。より買いやすく、レバレッジをかけられるようにする。やっぱりキャッシュで買える人は限られるので、本当にお勧めできる物件を、ファイナンスの力を借りて買えるようにする。

奈辺：今、タックスに関するメリットはすごく大きい状態で、ここにファイナンス面で現地の投資家と同等になれたら、投資環境としては良くなるし、ワクワクする話だね。

髙橋：今、韓国系の銀行と提携して日本に居ながらにして、テキサスの不動産を買えるローンをアレンジしているところです。それが実現すると、ドル建てで3％くらいの金利で調達できるので、現地の投資家では絶対に借りられない低金利で融資を受けられるようになる。アメリカ人よりもアドバンテージのある状態になる。

もちろん、属性、資産、融資額といろいろな要素があるので、簡単ではありませんが。これからも、より良い物件情報を仕入れて、より良いファイナンスを組んで、ヒューストンにある投資機会をどんどん発掘していきたいですね。

エピローグ

ヒューストンを直撃したハリケーン「ハーヴィー」はまさに歴史に名を刻む被害をもたらし、一般的な投資家では「やはり怖いからやめておこう」という思考停止に陥りそうなまさにこのタイミングで、この本の原稿を仕上げています。

私のヒューストンの自宅から見える風景も普段のフリーウェイ（高速道路）が川のようになりました。

これほどの洪水に見舞われたヒューストンにあって、我々のプロジェクトの物件が浸水しなかった理由を、追補としてご紹介したいと思います。

アメリカでは、ＦＥＭＡ（連邦緊急事態管理庁）という機関が制作・管理しているハザードマップが精緻に作られ公開されています。ちょっと見づらく、手間もそれなりにかかりますが、無料で見ることができます。物件を真剣に購入される際にはぜひ見てみてください。

普段の自宅から

川になった自宅前の高速道路

FEMA洪水マップ

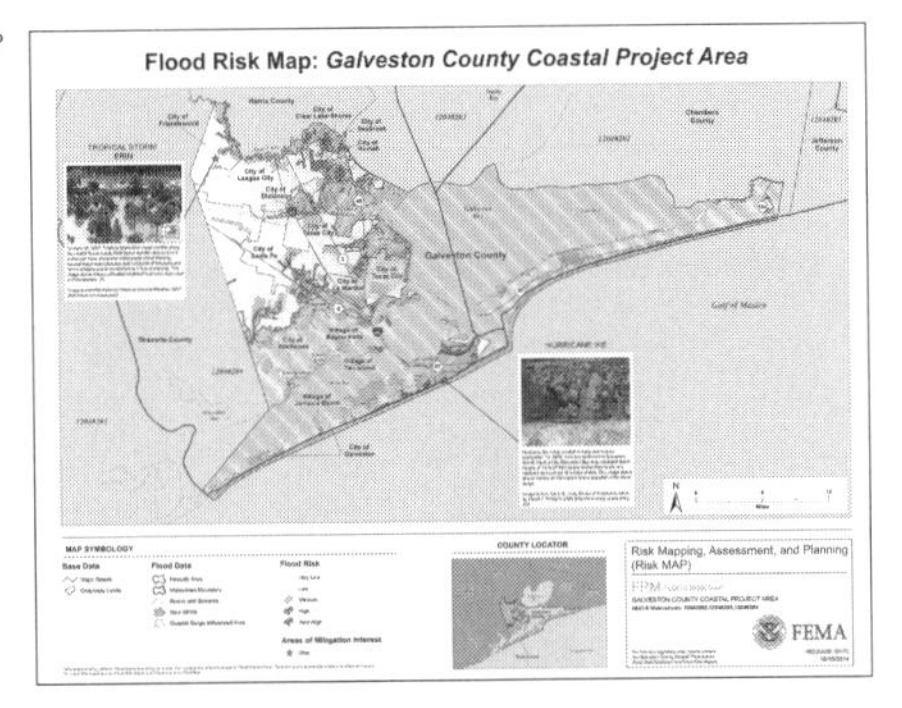

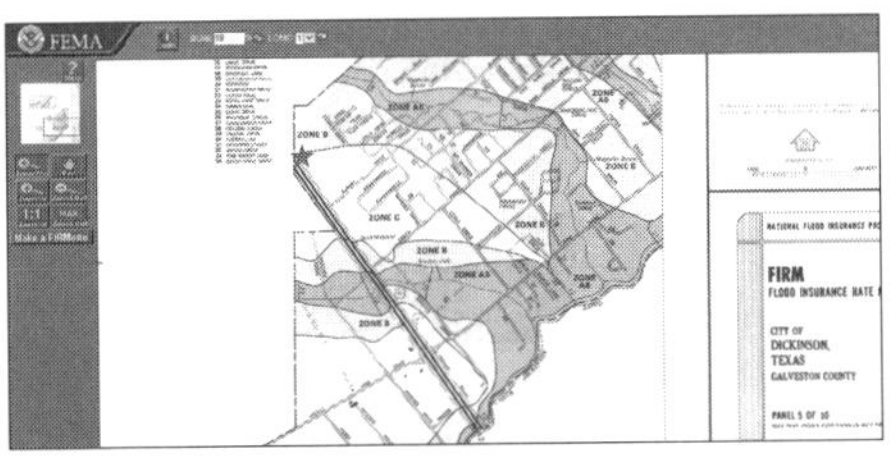

FEMA
洪水マップ詳細

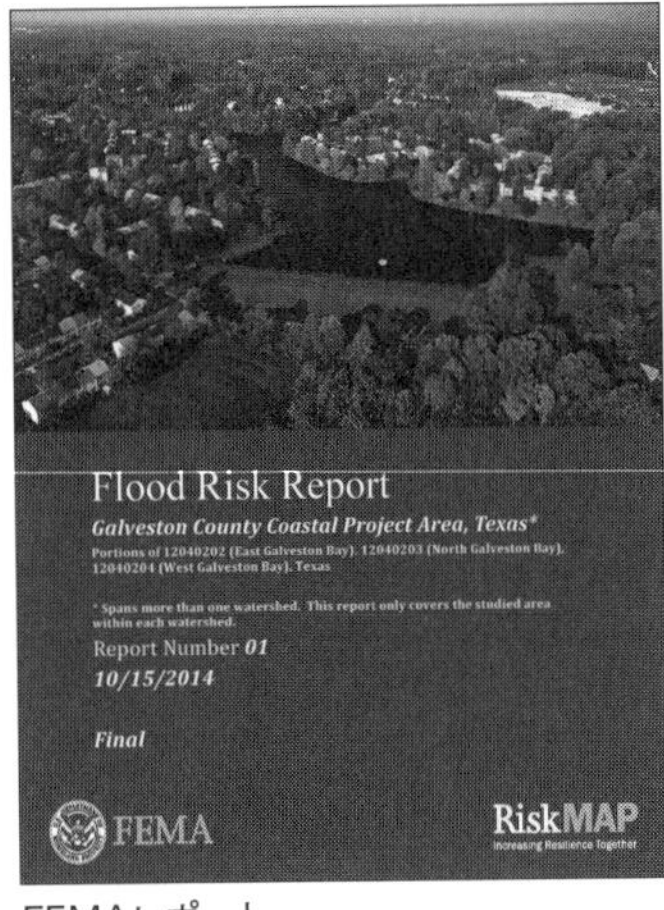

FEMAレポート

Definitions of FEMA Flood Zone Designations

Flood zones are geographic areas that the FEMA has defined according to varying levels of flood risk. These zones are depicted on a community's Flood Insurance Rate Map (FIRM) or Flood Hazard Boundary Map. Each zone reflects the severity or type of flooding in the area.

Moderate to Low Risk Areas

In communities that participate in the NFIP, flood insurance is available to all property owners and renters in these zones:

ZONE	DESCRIPTION
B and X (shaded)	Area of moderate flood hazard, usually the area between the limits of the 100-year and 500-year floods. B Zones are also used to designate base floodplains of lesser hazards, such as areas protected by levees from 100-year flood, or shallow flooding areas with average depths of less than one foot or drainage areas less than 1 square mile.
C and X (unshaded)	Area of minimal flood hazard, usually depicted on FIRMs as above the 500-year flood level. Zone C may have ponding and local drainage problems that don't warrant a detailed study or designation as base floodplain. Zone X is the area determined to be outside the 500-year flood and protected by levee from 100-year flood.

High Risk Areas

In communities that participate in the NFIP, mandatory flood insurance purchase requirements apply to all of these zones:

ZONE	DESCRIPTION
A	Areas with a 1% annual chance of flooding and a 26% chance of flooding over the life of a 30-year mortgage. Because detailed analyses are not performed for such areas; no depths or base flood elevations are shown within these zones.
AE	The base floodplain where base flood elevations are provided. AE Zones are now used on new format FIRMs instead of A1-A30 Zones.
A1-30	These are known as numbered A Zones (e.g., A7 or A14). This is the base floodplain where the FIRM shows a BFE (old format).
AH	Areas with a 1% annual chance of shallow flooding, usually in the form of a pond, with an average depth ranging from 1 to 3 feet. These areas have a 26% chance of flooding over the life of a 30-year mortgage. Base flood elevations derived from detailed analyses are shown at selected intervals within these zones.
AO	River or stream flood hazard areas, and areas with a 1% or greater chance of shallow flooding each year, usually in the form of sheet flow, with an average depth ranging from 1 to 3 feet. These areas have a 26% chance of flooding over the life of a 30-year mortgage. Average flood depths derived from detailed analyses are shown within these zones.
AR	Areas with a temporarily increased flood risk due to the building or restoration of a flood control system (such as a levee or a dam). Mandatory flood insurance purchase requirements will apply, but rates will not exceed the rates for unnumbered A zones if the structure is built or restored in compliance with Zone AR floodplain management regulations.
A99	Areas with a 1% annual chance of flooding that will be protected by a Federal flood control system where construction has reached specified legal requirements. No depths or base flood elevations are shown within these zones.

FEMA凡例

ＦＥＭＡの洪水区域指定の定義

Ｃが５００年に一度以上、Ｂが１００年から５００年に一度の浸水リスクがあるという定義で、このＣまたはＢのリスクが低いゾーンであることが確認できれば合格と言えます。

これを物件購入の際に生かさない手はないのですが、ついつい表面的な数字や予算重視で洪水のリスクを見て見ぬふりしてしまうこともあります。しかし、そうすると今回のような場合に家の半分が水に浸かってしまうのです。

その上で、懇意の損害保険会社がいれば、保険会社としての見解を確認することが有用です。もし洪水リスクが高い場合には保険料が高いか、最悪かけられないという回答が得られますので、貴重な判断材料になります。

ヒューストンは地勢的に、河川や水系は多いので、近隣河川があることが確認されたら、実地確認も欠かせません。やはり地道に足で稼ぐことも重要です。

近隣の河川も調査

ダメージをうけた地区も瓦礫撤去が進む

最大限リカバーするための現地プロとの打ち合わせ

そのほかにもアメリカでは性犯罪者の居住情報が公開されていたり、人種比率や犯罪率といった統計データが公開されていたり、日本ではおよそ考えにくいようなことが公開されています。投資の観点で見たときと、自分が居住する時では基準も異なりますし、あらゆるリスクを避けるために調べるということではありません。

どのようなリスクがあるのかを極力把握した上で、あえてリスクを取る判断をすることもあります。
私自身も、注意深く調べ、果敢に挑戦し、トラブルも堂々と解決して、関わる人がみなハッピーになるようなプロジェクトを今後も手掛けていきたいと思います。

本書はだれでもできる簡単な投資法を紹介したものではありません。むしろ難しさを強調しすぎた面もあるかもしれませんが、投資の果実を得るためにはだれでもできることではなく、よく研究したうえで、時に果敢にリスクを取りに行くことが必要になることは、日本で十分稼いでいる方には共感していただけるのではないでしょうか？

しめくくりになりますが、私がこのような出版の機会をいただけたのも、どんなトラブルも乗り越えられるのも、毎日毎日世界の各地で「お客様に喜んでいただこう」と、人生の貴重な時間を注いでくれている、ひとりひとりのメンバーがいるからです。ありがとうございます。

そして、商売人の姿勢を背中で教えてくれた父、深い愛情を注ぎ続けてくれる母、人生の最大の悦びを与えてくれる家族に感謝します。

高橋誠太郎　SEITARO MATT TAKAHASHI

慶應義塾大学卒業後、経営コンサルティング会社に勤務。2002年に事業投資、M＆Aを手掛ける投資会社を創業。事業投資の信用を活かしたハイレバレッジ不動産投資に進出した後は、一棟物を中心に、屋上BBQや社員寮活用など常識に挑戦するスタイルで戦略的なバリューアップを実現。アメリカ、東京、バンコクを主戦場に同時進行でリスクテイクし、さらなるプロジェクトを企画し続ける。数々の失敗を不屈の闘志で乗り越えるパスファインダー。

著者へのお問合わせや最新情報の入手は、
ウェブサイトをご覧ください。

http://www.hit-texas.com/

日本で十分稼いだら
アメリカ不動産
レバレッジ

2017年11月20日　第1刷発行

著　者　髙橋誠太郎（たかはしせいたろう）

発行人　河西保夫

発　行　株式会社クラブハウス
〒151-0051 東京都渋谷区千駄ヶ谷3-13-20-1001
TEL 03-5411-0788(代)　FAX 050-3383-4665
http://clubhouse.sohoguild.co.jp/

編集協力　河西麻衣 、栗林篤

装丁・本文デザイン　中島慶章

印　刷　シナノ印刷

ISBN978-4-906496-55-6